Bill Perkins

... und führe dich nicht in Versuchung
Wie Männer lernen können,
nicht schwach zu werden

BILL PERKINS

... WIE MÄNNER LERNEN KÖNNEN, NICHT SCHWACH ZU WERDEN ...

... UND FÜHRE DICH NICHT IN
VERSUCHUNG

... WIE MÄNNER LERNEN KÖNNEN,
NICHT SCHWACH ZU WERDEN ...

Projektion J

Titel der Originalausgabe:
When good men are tempted

© 1997 by Bill Perkins
Published by Zondervan Publishing House,
Grand Rapids, Michigan 49530, USA

© 2000 der deutschen Ausgabe
by Gerth Medien GmbH, Asslar
1. Auflage 2000

ISBN 3-89490-288-4

Auf der Grundlage der neuen Rechtschreibregeln.

Die Bibelstellen wurden, soweit nicht anders angegeben,
der »Gute Nachricht«-Bibel
(Deutsche Bibelgesellschaft, Stuttgart, 1997) entnommen.

Übersetzung: Marianne Magnus
Bearbeitung: Sabine Pujol; Projektion J Verlag
Umschlaggestaltung: Hanni Plato
Umschlagfoto: Premium
Satz: Nicole Schol, Projektion J Verlag
Druck und Verarbeitung: Ebner Ulm

Nachdruck, auch auszugsweise, nur mit Genehmigung des Verlages.

Inhalt

TEIL I
DER KAMPF MIT DER LUST

Kapitel 1
Warum sehen nackte Frauen so gut aus? 9

Kapitel 2
Warum sehen andere Frauen besser aus? 27

Kapitel 3
»Ich komme einfach nicht davon los!« 44

TEIL II
DEN KAMPF ZUGEBEN

Kapitel 4
Aufgeben? – niemals! 65

Kapitel 5
Bringen Sie es ans Licht! 79

Kapitel 6
Ihre Herkunftsfamilie 94

Teil III
Freiheit finden

Kapitel 7
Wer ist Ihr Herr? 117

Kapitel 8
Entdecken Sie Ihr neues Ich! 135

Kapitel 9
Durchbrechen Sie den Teufelskreis
der Abhängigkeit! 149

Teil IV
In Freiheit leben

Kapitel 10
Warum Zusammenhalten so schwer fällt 169

Kapitel 11
Männerfreundschaften – eine verlorene Kunst? 182

Kapitel 12
Reiner Sex 201

Kapitel 13
Das richtige Werkzeug 217

Anhang
Anmerkungen 238

Teil I

Der Kampf mit der Lust

Kapitel 1

Warum sehen nackte Frauen so gut aus?

Wissen Sie, wann ich auf die Idee kam, dieses Kapitel zu schreiben? Es war an einem späten Freitagabend, als ich gerade den Rasensprenger in unserem Garten einschalten wollte. Während ich so über den Hof schlenderte, bemerkte ich, dass bei meinen Nachbarn noch Licht brannte. Da ich neugierig bin und wissen wollte, warum sie zu so später Stunde noch nicht schliefen, ging ich zum Zaun hinüber und spähte durch die Latten. Sicher saßen alle gemütlich vor dem Fernseher. Doch stattdessen erblickte ich zu meiner Verwunderung eine hübsche junge Frau, die gerade telefonierte. Das wäre ja an sich nicht aufregend gewesen – wenn sie angezogen gewesen wäre. Aber das war sie nicht.

Gebannt blickte ich zu ihr hinüber. Ein heftiger Adrenalinstoß durchfuhr meinen Körper. Nachdem ich die Frau ein paar Sekunden lang angestarrt hatte, stahl ich mich still und leise vom Zaun davon. Beim Weggehen stellte ich mir die Frage, was denn die Schönheit einer nackten Frau ausmachte und warum ihre Schönheit mich so in ihren Bann zog.

Seit dieser Begebenheit vor nunmehr 15 Jahren habe ich zu Tausenden von Männern gesprochen und mich mit vielen persönlich unterhalten. Ich habe vertrauliche Befragungen durchgeführt, um herauszufinden, was Männer wirklich denken und fühlen. Im Verlauf dieser Gespräche habe ich festgestellt, dass jeder Mann auf seine Art mit der

Lust zu kämpfen hat – keiner kann sich ihrer Anziehungskraft entziehen.

Wenn es Ihnen auch so wie vielen Männern ergeht, die ich kenne, dann wollen Sie diesen Kampf gewinnen. Sie wollen sich an der Schönheit einer Frau freuen, ohne Ihren Ruf zu verlieren. Und Sie sind wahrscheinlich auch der Ansicht, dass es gar nicht so leicht ist, die innere Reinheit und Integrität zu bewahren, vor allem in der heutigen Zeit. Sinnliches und Erotisches gelangen über den Fernseher oder Computermonitor in unser Wohnzimmer. Aufreizende Bilder in Zeitschriften und Magazinen locken und verführen uns überall. Es ist für Männer alles andere als einfach, dem bewusst eingesetzten Sex-Appeal einer Frau zu widerstehen und sich bewusst davon fern zu halten. Aber es ist auch kein Ding der Unmöglichkeit. Ich bin davon überzeugt, dass der ersten Schritt damit beginnt, erst einmal zu verstehen, warum eine nackte Frau in den Augen eines Mannes so schön ist.

Die geheimnisvolle Schönheit der Frau

Als ich zum ersten Mal den nackten Körper meiner eigenen Frau sah, hatte ich das Gefühl, meine Augen erblickten etwas Heiliges. Für mich war nichts auf dieser Welt mit der Schönheit ihres Körpers vergleichbar. Wenn Sie verheiratet sind, wird es Ihnen sicherlich ähnlich ergehen.

Die Befürworter der Evolutionstheorie berauben die Frau ihrer Schönheit, indem sie ganz nüchtern behaupten, der Mann fühle sich auf Grund der natürlichen Auslese zu einer nackten Frau hingezogen. Er würde gar nicht erst zum Zeugungsakt neigen, wenn er die Frau nicht attraktiv fände und festgestellt hätte, dass sie durch ihr breites Becken die ideale Mutter für seine Nachkommen sei. Natürlich reduziert eine solche Annahme die gegenseitige sexuelle Anziehungskraft auf eine rein biologische bzw.

triebhafte Funktion. Aber das ist sie gerade nicht. Gott hat den Mann mit sexuellen Wünschen und Bedürfnissen geschaffen und ihn so angelegt, dass er sich zur Frau hingezogen fühlt.

Hier geht es also um mehr als nur um eine Art evolutionäres Zufallsprinzip. Im Buch der Sprichwörter werden die Gefühle zwischen Mann und Frau angesprochen. Dabei beschreibt der Verfasser vier Dinge, die für ihn zu rätselhaft sind und die er nicht verstehen kann. Eines davon ist »der unwiderstehliche Drang eines Mannes zu einer Frau« (Spr 30,19). Zwischen einem Mann und einer Frau geschieht etwas Geheimnisvolles, was nicht völlig verstanden werden kann, eben weil es ein Geheimnis ist.

Diese Antwort enttäuscht Sie jetzt vielleicht, aber das sollte sie nicht. Gott hat für den Mann etwas Wunderschönes geschaffen – etwas, das sich mit dem Verstand nicht erfassen lässt. Wenn wir es erfassen könnten, wäre es kein Geheimnis mehr. Egal, wie alt ein Mann auch wird, der Reiz, den Frauen auf ihn ausüben, bleibt weiter bestehen. Mit dem Alter können wir diese Reize sogar noch verstärken, indem wir uns in unserer Vorstellungswelt das schaffen, was sich auf Grund unseres Alters unserer Erfahrung entzieht. Dieses Geheimnis überlebt uns alle und das Geheimnis ist auch nicht einmal etwas Schlechtes. Es ist etwas Gutes. Es ist eine wunderbare Gabe Gottes.

Obwohl dieses Geheimnis im Wesentlichen das menschliche Verstehen übersteigt, gibt es doch auch einige Aspekte daran, die ganz einfach nachzuvollziehen sind. Zum Beispiel sind nackte Frauen einfach deshalb schön, weil wir sie selten so zu Gesicht bekommen. Die Nacktheit und alles, was dazu gehört (vor allem das Bewusstsein, dass wir nackt sind), sind ein besonderes Merkmal, das Gott nur den Menschen gegeben hat. Tiere beispielsweise können nicht nackt sein.

Der verborgene Schatz

Im Laufe der Zeit hatten meine Frau und ich eine ganze Reihe von Hunden. Unser letzter Hund war eine etwa 90 Kilogramm schwere Dänische Dogge, die von uns entsprechend »Dicker« genannt wurde. Immer, wenn ich mit dem Hund spazieren ging und gefragt wurde: »Wie heißt denn Ihr Hund?«, antwortete ich: »Das ist unser Dicker.«

Und jedes Mal wurde mir die Gegenfrage gestellt: »Oh ja, er ist wirklich ganz schön dick, aber wie heißt er denn nun wirklich?«

Dann gab ich jedes Mal zur Antwort: »Er heißt Dicker.«

Es ist erstaunlich, wie schnell ich mich mit dem dicken Vierbeiner angefreundet habe. Wenn Sie auch einen Hund besitzen, wissen Sie sicherlich, wie schnell diese Tiere zur Familie gehören. Sie fahren mit uns im Auto mit. Sie schlafen bei uns im Bett (mit dem Dicken dürfte das natürlich schon etwas schwieriger werden). Wir sprechen so mit ihnen, als ob sie uns verstehen könnten. Gelegentlich haben meine Jungs dem Dicken sogar Kleider angezogen; z. B. zogen sie ihm rote Shorts über die Hinterbeine und ein weißes Sweatshirt über die Vorderbeine. Danach banden sie ihm einen Hut um und setzten ihm eine Sonnenbrille auf die Nase.

Auch wenn unser Dicker dann ganz niedlich aussah, muss man doch der Ehrlichkeit halber sagen, dass er gar keine Shorts und kein Sweatshirt brauchte. Die Erklärung dafür ist ganz einfach: Kein Tier ist jemals nackt gewesen. Denken Sie mal eine Minute darüber nach. Haben Sie je einen Hund ohne Hosen und Pulli auf der Straße umherstreunen sehen und sich gefragt, warum er nicht angezogen ist? Natürlich nicht. Und kein Tier wurde jemals für unzüchtiges Verhalten oder Exhibitionismus bestraft.

Nichts kann im gleichen Sinne nackt sein, wie Menschen es sind: weder Bäume, Berge, Hunde noch Delfine.

Wir Menschen sind auch nicht neugierig, wenn es um die Nacktheit eines Tieres oder einer Pflanze geht. Wie sollten wir auch? Sie können ja gar nicht nackt sein.

Aber Frauen können es. Doch sie sind es selten. Die Frauen, die wir jeden Tag bei der Arbeit oder auf der Straße zu Gesicht bekommen, sind alle bekleidet. Eine nackte Frau hingegen enthüllt, was fast immer vor den Augen eines Mannes verborgen ist: die Schönheit ihres weiblichen Körpers.

Der Entertainer und Fernsehstar Tim Allen sprach einmal davon, dass er nie vergessen würde, wie er als Junge zum ersten Mal das Bild einer nackten Frau sah. Er kommentierte dies folgendermaßen:

»In gewissem Sinn fand ich dieses Bild sowohl erschreckend als auch beruhigend. So dumm es auch klingen mag, mir wurde zum ersten Mal klar, dass alle Frauen unter ihren Kleidern nackt sind. […] Natürlich machte mich diese Entdeckung allen Frauen gegenüber für alle Zeiten misstrauisch: Sie verbargen es! Sie verfügten über diese Macht und ich wusste nichts davon! Sie versteckten sie unter ihren Kleidern!«[1]

Tim Allen schneidet hier ein Thema an, das auch viele andere Männer beschäftigt: Wie können uns Frauen jeden Tag unter die Augen treten und dabei so etwas Wunderschönes verstecken? Und wie können sie vorgeben, dass sie nicht wüssten, was sie da tun?

Ich finde seinen Kommentar recht amüsant, aber auch sehr hilfreich: amüsant, weil er so offen zum Ausdruck bringt, was viele Männer empfinden, aber nie zugeben würden – zumindest würden sie sich nie schriftlich dazu äußern –, und hilfreich deshalb, weil er zum Teil den Grund dafür aufdeckt, warum nackte Frauen so gut aussehen. Männer wollen nämlich etwas Schönes zu sehen bekommen, das vor ihren Augen verborgen ist.

Die ersten Seiten in der Bibel geben uns darüber hinaus Aufschluss über das Geheimnis der Anziehungskraft einer Frau.

Die Frau – ein Kunstwerk

Manchmal versuche ich, mir vorzustellen, wie es wohl für Adam gewesen sein muss, als er Eva zum ersten Mal sah. Er konnte ihr guten Gewissens sagen: »Du bist die schönste Frau, die ich je gesehen habe.«

Offensichtlich ergab sich die Erschaffung von Eva aus einem Problem, das Adam hatte, dessen er sich selbst aber noch nicht bewusst war. Nach jedem Schöpfungstag sah Gott sich das an, was er gemacht hatte, und erklärte, dass es »gut« war. Nach dem sechsten und letzten Tag, an dem Gott Adam erschuf, erklärte er, dass sein Werk »sehr gut« war (Gen 1,31).

Aber als Gott sah, dass Adam allein war, sprach er: »Es ist nicht gut, dass der Mensch so allein ist« (Gen 2,18). Daraufhin beschloss der Herr, ein Wesen zu erschaffen, das zu Adam passte bzw. das ihm entsprach – eine Gehilfin, die ihn ergänzen sollte.

Aber bevor Gott das tat, musste Adam dieses Bedürfnis erkennen. Zu diesem Zweck ließ Gott ihn allen Tieren Namen geben. Niemand weiß, wie lange das wirklich gedauert hat, aber ich kann mir gut vorstellen, dass Adam Monate, ja sogar Jahre damit verbracht hat, jedem Geschöpf, das an ihm vorbeimarschierte, einen Namen zu geben. Adam muss aufgefallen sein, dass die Tiere paarweise an ihm vorbeimarschierten – als Männchen und Weibchen. Und es muss ihm auch aufgefallen sein, dass es keine Kreatur gab, die so war wie er.

Als Adams Alleinsein und Leidensdruck einen gewissen Grad erreicht hatten, schritt Gott ein. Er ließ Adam in einen tiefen Schlaf fallen und nahm den ersten chirurgischen Eingriff der Geschichte vor: Er nahm eine von Adams Rippen aus seiner Seite und schuf eine maßgefertigte Begleiterin für ihn. Der erste Mann war aus Erde erschaffen und die erste Frau war aus dem Mann gemacht. Alles an ihr wurde von Gott so entworfen und geformt, dass sie und Adam sich hervorragend ergänzten. Der große Meister, der Schöpfer des Universums, hat alle Kunstwerke seiner Schöpfung perfekt gestaltet.

Ich habe bei den verschiedensten Gelegenheiten Männer dazu befragt, was für sie der schönste Anblick auf der ganzen Welt ist. Wenn sie zu wählen hätten zwischen einem gleißenden Sonnenuntergang in der Wüste, einem zart schimmernden Sonnenaufgang, einer gegen einen Felsen brandenden Meereswoge, einer aufblühenden Blume oder einer großartigen Frau, was würden sie wählen? Jedes Mal bekam ich die gleiche Antwort: »Eine tolle Frau.«

Gott wusste, was er tat, als er die erste Frau erschuf. Er vergewisserte sich, dass ihre Augen, Lippen, Haare, Brüste, Beine, Füße, Arme und Hände genau so waren, wie Adam es wollte und brauchte. Sie sollte in seine Welt des Alleinseins kommen – eines Alleinseins, das selbst Gott nicht auszufüllen vermochte (ja, ich weiß, das ist wirklich eine gewagte Aussage).

Bevor Adams Rippe zu Eva gestaltet wurde, war die Schöpfung unvollständig. Sie befand sich in einem »nicht guten« Zustand. Nachdem Gott seinem Kunstwerk den letzten Schliff gegeben hatte, enthüllte er es. Adam kam langsam aus seinem Schlaf wieder zu sich, rieb sich die Augen und stand auf. Als er durch den Garten wanderte, hatte er nicht die leiseste Ahnung davon, was auf ihn wartete.

Plötzlich war sie da – und stand genau vor ihm. Adam hatte noch nie eine Frau gesehen. Die Frau, die er da erblickte, war in jeder Hinsicht absolute Spitze: physisch, psychisch, geistig, geistlich und intellektuell. Sie war alles, was er als Gegenüber brauchte. Und sie war eine makellose Frau ohne zerrüttete Vergangenheit und innere Verletzungen. Eva war wirklich unschuldig.

Eva war nicht nur vollkommen für Adam, er war auch perfekt für sie. Er vereinte alles in sich, was sie brauchte, und entsprach ihr.

Der Textabschnitt berichtet davon, dass Adam, als er sie sah, ausrief: »Endlich! Sie ist's! Eine wie ich! Sie gehört zu mir, denn von mir ist sie genommen« (Gen 2,23). Luther macht in Berücksichtigung des hebräischen Urtextes diese Begeisterungsstürme über ein passendes Gegenüber durch ein Wortspiel deutlich: »[...] man wird sie Männin nennen, weil sie vom Manne genommen ist.« Wann immer ich diese Begegnung bei einer Trauzeremonie beschreibe, weise ich darauf hin, dass das hebräische Wort für »Mann« *Ish* und das Wort für »Frau« *Isha* ist. Ich erzähle dabei, dass Adam Eva vielleicht angeblickt und ausgerufen haben mag: »Ish« und dann als Ausdruck der Verwunderung und des Vergnügens »Aaah!« hinzugefügt hat. Das ist so vielleicht nicht wirklich passiert, aber ich könnte es mir durchaus vorstellen.

Frauen sind Gottes perfektes Kunstwerk. Ist es da ein Wunder, dass eine nackte Frau so umwerfend aussieht? Aber Frauen sind noch mehr als das: Sie füllen das aus, was dem Mann fehlt.

Die Frau – die perfekte Ergänzung für den Mann

Mit der Erschaffung von Eva verlor Adam eine Rippe. Mit dem Erscheinen von Eva entdeckte Adam diejenige, die ihn wieder »komplett« machen würde. Ohne sie war Adam wie ein Füllfederhalter ohne Tinte, wie ein Schiff ohne Segel – er war nicht vollständig. Ein Teil von ihm fehlte buchstäblich. Als Adam Eva begegnete, stand er dem Teil von sich gegenüber, der ihm fehlte.

Obwohl die Bibel das nicht ausdrücklich sagt, frage ich mich, ob die Schönheit eines weiblichen Körpers nicht irgendwie mit der Suche des Mannes nach Ganzheit bzw. Vollständigkeit zusammenhängt. Gibt es nicht tief im Unterbewusstsein eines Mannes eine Sehnsucht danach, den Teil zu finden, der ihn »ganz« macht? Ist der Mann nicht auf der Suche nach dem Part, der von ihm genommen wurde? Sucht er nicht den Partner, ohne den er sich nie ganz vollständig fühlen wird?

Ich möchte damit ganz und gar nicht sagen, dass Singles keine Erfüllung finden können. Auch Jesus war unverheiratet und sein Leben war sicherlich erfüllt. Aber ledige Menschen haben sich oftmals daran gewöhnt, mit dem Alleinsein umzugehen und mit dem heimlichen Gefühl, dass ihnen etwas oder jemand fehlt, zurechtzukommen und auf sich allein gestellt zu leben.

Ich glaube, dass dieses Gefühl des Alleinseins oder des Mangels im Falle des Mannes für das Bedürfnis steht, seine fehlende Rippe wieder zu finden – die Person zu finden, die ihn ergänzen und vervollständigen kann. Ich denke, dass ein Grund, warum eine nackte Frau so gut aussieht, darin liegt, dass sie die einzigartige Fähigkeit besitzt, einen Mann zu ergänzen. Wenn er körperlich mit ihr verbunden bzw. vereint ist, fühlt er sich vollkommen.

Der Glanz der weiblichen Schönheit und Nacktheit

In seinem Buch *The Mystery of Marriage* (»Das Geheimnis der Ehe«) spricht Mike Mason davon, dass der menschliche Körper »eine Pracht besitzt, die auf der ganzen Welt einzigartig ist«.[2] Mit »Pracht« meint er eine »Ehrfurcht gebietende Schönheit«. In einem gewissen Sinne zeigt uns unser Körper, wer wir sind. Er ist die äußere Erscheinung unserer Seele und unseres Geistes. Der Körper einer Frau ist mehr als nur Haut und Knochen und Blut und Haare – er ist der Schleier ihrer Person.

Im Alten Testament offenbart sich Gott mehrmals und manifestiert sich in bestimmten Erscheinungen. So erscheint er zum ersten Mal Mose auf dem Berg in einem brennenden Dornbusch (vgl. Ex 3,1 f.). Später erscheint er Mose und den Israeliten am Berg Sinai in einer dichten Wolke mit Donnern und Blitzen (vgl. Gen 19,16). Die Herrlichkeit Gottes am Berg Sinai ist so großartig, dass Moses Gesicht im wahrsten Sinne des Wortes glänzt, nachdem er in Gottes heiliger Gegenwart gewesen ist (vgl. Gen 34,29).

Manche Theologen bezeichnen diese Manifestationen Gottes als seine »glänzende Herrlichkeit«. In ihnen zeigt sich die Macht und Schönheit Gottes. In einem gewissen Sinne, so meine ich, hat unser menschlicher Körper seine eigene »glanzvolle Herrlichkeit«. Es ist eine Schönheit, die uns ein wenig deutlich macht, dass wir ein Kunstwerk in Gottes Schöpfung sind.[3] Wir Männer werden niemals müde, uns an der Schönheit einer Frau satt zu sehen. Es ist so, als würden wir sie von jedem Winkel aus betrachten und wie Mose auf dem Berg in ihre Herrlichkeit eintauchen wollen.

Die Suche nach Vertrautheit

Nacktheit setzt Vertrautheit voraus. Sie setzt voraus, dass die Person, die sich in Ihrer Gegenwart entkleidet, Ihnen auch vertraut. Sie ist bereit, Ihnen ihre Schönheit zu zeigen – und ihre Unvollkommenheit. Wir teilen diesen intimen Augenblick mit jemandem, von dem wir glauben, dass er uns liebt und so annimmt, wie wir sind – mit allen unseren Schwächen und Fehlern.

Adam und Eva hatten solch ein vertrautes, inniges Verhältnis. Gott hatte sie zusammengebracht: »Sie waren beide nackt, aber sie schämten sich nicht« (Gen 2,25). Ihre äußere Nacktheit spiegelte die Nacktheit wider, die auf einer tieferen Ebene bestand – auf einer geistlichen und emotionalen Ebene. Adam und Eva waren in jeder Hinsicht miteinander vertraut.

Obwohl Männer vor einer zu engen Vertrautheit und Intimität eher zurückschrecken, haben sie sie doch bitter nötig. Das Problem dabei ist nur, dass ihnen von ihrer Umwelt eingeredet wird, dass sie »groß und stark« sein müssen und niemanden brauchen. Ein »richtiger« Mann, so wird ihnen eingeschärft, ist raubeinig und unabhängig. Alljährlich in den USA durchgeführte Umfragen bestätigen immer wieder, dass John Wayne einer der populärsten Schauspieler aller Zeiten ist. Die Männer lieben seinen unverwüstlichen Individualismus. Und dennoch entwirft Hollywood auf der Leinwand jedes Jahr einen neuen Idealtypus von Mann. Niemand verkörpert meiner Ansicht nach dieses Ideal besser als James Bond. Er kann Übermenschliches leisten, ohne je eines anderen Menschen Hilfe in Anspruch nehmen zu müssen oder sein Gefühlsleben anderen mitzuteilen.

Viele Männer beißen zwar die Zähne zusammen und versuchen, alles alleine zu schaffen, aber etwas in ihrem Innersten schreit nach einer ganz tiefen vertrauten Beziehung. Und so glaube ich, dass nackte Frauen gerade deshalb schön sind, weil ihre Nacktheit einem Mann verrät: »Ich bin für dich da. Ich gehöre dir. Ich vertraue dir so sehr, dass ich mich für dich entblößt habe.« Diese ausgesprochene – oder unausgesprochene – Aussage signalisiert ihm, dass er sicher sein kann, dass er geliebt ist und dass jemand mit ihm eine vertraute Beziehung haben möchte.

Da, wie wir gesehen haben, Nacktheit Nähe voraussetzt, schafft der Anblick einer entblößten Frau für den Mann eine Beziehung – auch wenn dies eine oberflächliche Verbindung sein mag. Eine wirklich innige und vertraute Beziehung kann jedoch nur in einem geschützten

Rahmen, in einem von Liebe und Vertrauen geprägten Umfeld entstehen.

Wie der Mann die weibliche Nacktheit genießen kann

Für manchen mag es erstaunlich klingen, aber Gott feiert den Sex. Er erschuf nicht nur den Mann, damit er daran Gefallen finden konnte, mit einer nackten Frau zu »spielen«, nein, er schuf auch noch das ideale Spielfeld: die Ehe. Nur in diesem Rahmen gibt es echte Sicherheit und Verbindlichkeit. Paare, die einander das Eheversprechen geben, gehen die Verpflichtung ein, sich die enge Beziehung bzw. Vertrautheit, die der Nacktheit vorausgeht, zu bewahren. Innerhalb der Ehe kann der Mann völlig die Schönheit des weiblichen Körpers feiern und genießen.

Salomo hat das sicherlich getan. Und er hat sich auch nicht geziert, seine Lust daran zum Ausdruck zu bringen. Mitten im Alten Testament findet sich das poetische Lied der Lieder, das Hohelied Salomos. Dieses Buch beschreibt die Liebe zwischen Salomo und seiner Braut. Die Sprache ist so sexuell überfrachtet, dass die Theologen es jahrelang vorzogen, das Hohelied vielmehr im übertragenen Sinn zu deuten als im wörtlichen Sinn. Indem sie in Salomo Christus sahen und seine junge Braut als die Kirche deuteten, kamen sie um die sexuellen Anspielungen herum. Aber eine solche Interpretation wird sowohl dem Text als auch Gottes Wertschätzung der sexuellen Intimität ganz und gar nicht gerecht.

Aufreizende Augen

Die deutlichste Sprache wird in Kapitel 4 gesprochen. In diesem Kapitel beschreibt Salomo nämlich die erste Nacht seiner Flitterwochen. Sobald das Paar allein ist, vertraut der König seiner Geliebten an, dass ein einziger Blick ihrer Augen genügt, um ihn zu erregen, um »ihm das Herz zu nehmen« (Vers 9). Das jüdische Volk besaß ein Land, das oft als »das Land, in dem Milch und Honig überfließt« (Dtn 6,3), beschrieben wird. Es war ein sehr reiches Land, das denen, die darin wohnten, Wohlergehen schenkte. In ähnlicher Weise brachte die Frau, die Salomo in seinen Armen hielt, unter deren Zunge »süße Honigmilch« war, ihm Vergnügen und Wohlbefinden (Hld 4,11).

Ein Lustgarten

In seinem Buch *A Song for Lovers* (»Ein Lied für Verliebte«) bemerkte mein Freund S. Craig Glickman über dieses Paar: »Ihre Liebe wird in einer der diskretesten und feinfühligsten Liebesszenen der Weltliteratur vollzogen.«[4] Da ist nichts Unbesonnenes oder Ordinäres in Salomos Worten. Vielmehr vergleicht er seine Braut mit einem Garten und einer Quelle (Verse 12–15). Er deutet ihre Jungfräulichkeit an, indem er anmerkt, dass der Born versiegelt und der Garten verschlossen ist (Vers 12). Niemand sonst hat ihren Garten je betreten. Schließlich ist die Nacht gekommen, an dem der Besucher eingelassen werden kann. Und Salomo freut sich am Geruch und Geschmack ihrer Liebe.

Als Antwort auf seine Freude, die er verschiedentlich zum Ausdruck bringt, lädt sie ihn ein, in ihren Garten zu kommen (Vers 16). Zuvor aber ist er überwältigt von ihrer Schönheit und umschreibt diese noch inniger. Ihr Garten ist wie ein Paradies, das reich ist an Früchten, Blumen, Blüten, Bäumen und aromatischen Gewürzen.[5] Der privateste aller Orte ist für Salomo zum Ort des größten Vergnügens geworden, wie wohl die meisten Männer bestätigen könnten.

Ist sie für seine Liebe bereit? In der Tat. Salomo beschreibt nämlich ihren Brunnen als einen, der zu »einer Quelle mit kristallklarem Wasser« geworden ist (Vers 15). Sexuell erregt, bittet sie ihn: »Komm, mein Geliebter, betritt deinen Garten! Komm doch und iß seine köstlichen Früchte!« (Vers 16).

Ein Wort der Zustimmung

Nachdem Salomo uns erlaubt hat, einen kurzen Blick in seine »Honeymoon-Suite« zu werfen, gestattet er uns, den letzten Worten, die in jener Nacht gesprochen wurden, zu lauschen. Erstaunlicherweise wurden sie nicht von Salomo oder seiner Braut ausgesprochen, sondern von Gott. Und wie reagiert nun der Schöpfer der weiblichen Schönheit auf das Vergnügen, dem sich das Paar hingab? Er sagte: »Eßt, Freunde, auch ihr, und trinkt euren Wein; berauscht euch an Liebe!« (Hld 5,1).

Der, der den Menschen als Mann und Frau erschaffen hatte, gab von Herzen seinen Segen zu allem, was sie getan hatten. Er freute sich an dem Paar, das sich liebend in den Armen lag.

Die Zügel anlegen

Es lag in Gottes Absicht, dass der Akt der sexuellen Vereinigung zu den eindrücklichsten und freudigsten Erfahrungen des menschlichen Lebens gehören sollte. In dieser Verbindung von Mann und Frau werden die beiden »ein Fleisch« (Gen 2,24; Luther-Übersetzung). Ihre Körper werden im wahrsten Sinne des Wortes zusammengefügt. In diesen erhebenden Augenblicken sind der Mann und die, die aus ihm geschaffen wurde, wieder ein Ganzes. Sie sind eins.

Nach Gottes Idealvorstellung soll sich dieses Einssein im geschützten Rahmen der Ehe vollziehen. Warum? Zum einen, weil die Ehe es einem Mann ermöglicht, das »wilde Tier« in ihm zu bändigen, jenes Wesen, dessen unbändiger Hunger nach sinnlicher Lust fortwährend die Entschlossenheit eines Mannes auf die Probe stellt. Dieses Wesen fordert uns nämlich ständig dazu heraus, seine wilde Natur ausleben zu wollen.

Ich erinnere mich noch gut an meine Kindheit in Roswell, Neu-Mexiko. Meine Eltern besaßen außerhalb der Stadt ein Stück Land, auf dem wir Pferde dressierten. Von Kindesbeinen an machte mein Vater mich mit Sattel und Zaumzeug vertraut. Während der Sattel dem Reiter hilft, nicht vom Pferd zu fallen, halten die Zügel das Pferd unter Kontrolle.

Ohne die Zügel der Ehe würde unsere Leidenschaft außer Rand und Band geraten – und uns und anderen Schaden zufügen. Unsere sexuellen Begierden haben eine gewaltige Macht. Sie müssen deshalb gebändigt und an die Kandare genommen werden.

Die Zügel nicht aus der Hand geben

Wenn unsere Ehe sozusagen die »Spielwiese« werden soll, auf der wir die Nacktheit einer Frau genießen wollen, dann müssen wir uns selbstverständlich zu unserer Frau hingezogen fühlen. Vor kurzem erzählte mir ein Mann, dass er seine Frau nicht mehr attraktiv fände. Er gab ihr zu verstehen, dass die einzige Chance, die er noch für seine Ehe sah, darin bestand, dass sie ihre Brüste vergrößern ließ. Sie »machte ihn nicht mehr an«, und so stand für ihn fest, dass die einzige Lösung darin bestand, dass sie ihr Äußeres veränderte.

Das Denken dieses Mannes gründet sich auf die Vorstellung, dass die sexuelle Anziehungskraft einzig auf einem makellosen Körper, ewiger Jugend oder einem ansprechenden Äußeren basiert, das dem Schönheitsideal unserer Gesellschaft entspricht. Wenn er Recht hat, dann liegt der Schlüssel zu einem dynamischen Sexualleben tatsächlich in einer endlosen Serie von Faceliftings, Bauchstraffungen, Brustimplantaten und Fettabsaugungen.

Aber dieses Denken ist fehlerhaft. Die Anziehungskraft eines Magneten beruht auch nicht auf der physikalischen Erscheinung, sondern auf der Beschaffenheit des Magneten. Nicht das, was äußerlich sichtbar ist, zählt, sondern das, was das Innere ausmacht, zieht die entgegengesetzten Pole an.

Wenn ein Mann und eine Frau sich äußerlich nicht mehr anziehend finden, lässt das darauf schließen, dass ihre Verbindung zu Gott und zueinander zerbrochen ist. Etwas im Inneren dieser beiden Menschen ist nicht mehr intakt.

Wenn ein Mann Gott den Rücken zuwendet, bedeutet dies manchmal gleichzeitig, dass auch sein Eheversprechen (das er ja in Gottes Gegenwart abgelegt hat) nur noch begrenzt Gültigkeit hat. Er hat dann sozusagen die Zügel losgemacht und sie auf den Boden geworfen. Er hat für sich beschlossen, seine sexuellen Bedürfnisse auf die Art und Weise zu befriedigen, wie dies seiner Meinung nach am besten geschehen kann. Anstatt seine Leidenschaften im Zaum zu halten und sie auf seine Frau zu richten, gestattet er ihnen, ungebändigt und zügellos zu sein. Wenn das der Fall ist, wird er seine Frau nicht länger als etwas Einzigartiges behandeln, als diejenige, die ihn ergänzt, als die, deren Körper einen eigenen schönen Glanz besitzt, d. h. als Person. Der Mann wird dann vielmehr seine Frau als Hindernis zur eigenen sexuellen Bedürfnisbefriedigung ansehen, als jemanden, den er ändern muss, um seine Bedürfnisse zu stillen, oder von der er sich trennen muss, damit diese Bedürfnisse von einer anderen Frau erfüllt werden können.

Ein solches Denken ist das Gegenteil von dem, zu dem Gott den Mann erschaffen hat. Er hat uns geboten, unsere sexuellen Energien darauf zu richten, unsere Frau zu befriedigen – und nicht uns selbst. Der Mann soll sich beständig daran erinnern, dass sein Körper für seine Frau da ist (1 Kor 7,3–5). So wie Gott den Mann geschaffen hat, erfährt dieser die Schönheit einer Frau, wenn er ihr mit Worten und Zärtlichkeiten Vergnügen bereitet. Erst wenn ein Mann sich darauf konzentriert, wie er die Bedürfnisse seiner Frau zufrieden stellen kann, findet er die größtmögliche sexuelle Erfüllung. Aber darüber mehr in Kapitel 12.

Das also ist das hochgesteckte Ziel, auf das ich in diesem Buch hinarbeiten möchte, damit wir auch gemäß unserem Wesen handeln können. Dann und nur dann erfahren wir die Art von inniger Vertrautheit und Erfüllung, die wir nach Gottes Willen in den Armen unserer Frau finden sollen.

Und was ist mit anderen Frauen?

Natürlich gibt es da noch ein kleines Problem, das uns zu schaffen macht. Selbst wenn alles zum Besten steht, in den »guten Tagen« also, werden Sie anderen Frauen begegnen, die Sie schön und attraktiv finden. Ihr Charme kann sogar so stark sein, dass er Sie von Ihrer Frau wegzieht. Es kann sehr wohl vorkommen, dass die »nackte Schönheit« Ihrer Frau von anderen Frauen in den Schatten gestellt wird.

Um diese Realität in unserem Leben wird es im nun folgenden Kapitel gehen. Dort können Sie herausfinden, warum Frauen, die Sie nicht haben können – bzw. nicht haben sollten –, oftmals besser aussehen als die Frau, die Gott Ihnen gegeben hat.

Denkanstöße

1. Können Sie sich noch daran erinnern, wie Sie zum ersten Mal eine nackte Frau gesehen haben – sei es als Person oder auf einem Bild? Was hat das bei Ihnen ausgelöst?
2. Wie sehen Ihrer Meinung nach die meisten Männer Gottes Einstellung zur sexuellen Anziehungskraft der Männer durch die Frauen? Warum meinen Sie, sehen sie Gott auf diese Weise?
3. Wie sieht Gott die sexuelle Befriedigung, die ein Mann bei seiner Frau findet?
   Was sagt der Verfasser des Hohelieds zu dieser Frage (vgl. Hld 5,1)?
4. Warum finden Männer Frauen so anziehend?

Bitten Sie Gott bei der Beschäftigung mit diesen Fragen darum, Ihnen zu helfen, Frauen und Sex so sehen zu können, wie er sie sieht.

Kapitel 2

Warum sehen andere Frauen besser aus?

»Was hast du denn so lange da draußen gemacht?«, fragte mich meine Frau.

Ich wand mich innerlich, weil ich nicht so recht wusste, wie ich ihr das erklären sollte. Normalerweise lief ich immer nach draußen, stellte den Rasensprenger an und war in Sekundenschnelle wieder im Haus. Aber, wie schon im letzten Kapitel berichtet, wurde ich an besagtem Freitagabend durch das abgelenkt, was ich durch das Fenster meiner Nachbarn erspäht hatte.

»Ich war doch gar nicht so lange weg!«, verteidigte ich mich.

»Bill, nun sag schon. Was hast du da draußen so lange gemacht?«, beharrte sie.

»Ich hab eine nackte Frau gesehen«, säuselte ich. Ich dachte, wenn ich leise sprach, würde sie mich vielleicht nicht hören.

»Was soll das heißen: Du hast eine nackte Frau gesehen?«, fragte sie mit lauter Stimme – viel lauter, als ich geantwortet hatte.

»Weißt du«, erwiderte ich, »ich habe eine nackte Frau gesehen, als ich so am Zaun stand und zufällig bei unseren Nachbarn ins Fenster schaute.«

»Wie kommst du denn dazu, mitten in der Nacht bei unseren Nachbarn durchs Fenster zu schauen?«

Ich beteuerte natürlich, dass ich mich nicht absichtlich auf die Lauer gelegt hatte. »Ich hab einfach noch Licht im

Haus brennen sehen und mich nur gewundert, was die da drüben so spät abends noch tun«, entschuldigte ich mich.

Ich muss zugeben, es war ein schöner Anblick gewesen. Ich hatte diese Frau gerne angeschaut. Und bevor ich entschlummerte, musste ich mir eingestehen, dass es sogar so schön gewesen war, dass es mich fast schon beunruhigte, weil ich wusste, dass ich versucht war, auf die nächste Gelegenheit zu warten. Und das Letzte, was ich wollte, war, dies meinen Freunden in der Kleingruppe zu beichten.

Jeden Samstagmorgen traf ich mich gewöhnlich mit drei anderen Männern zum gemeinsamen Austausch. Wir ermutigten uns gegenseitig und besprachen unsere Probleme und Aufgaben als Ehemänner, Väter und Christen. Diese Männer waren die geistlichen Leiter unserer Kirche, Vorbilder, zu denen die anderen Gemeindemitglieder aufsahen. So ungefähr das Letzte, was ich wollte, war, vor ihnen zuzugeben, was ich getan hatte. Aber ich wusste natürlich auch, dass der beste Weg, mit Versuchungen umzugehen, der war, sie offen anzusprechen. So beschloss ich, es ihnen zu sagen, da das in meinen Augen wohl der beste Weg war, das Problem aus der Welt zu schaffen, bevor mir die Kontrolle über diese Sache entglitt.

Dieser Entschluss führte jedoch zu einer noch größeren Überraschung meinerseits. Als ich bei unserem nächsten Treffen von der Begebenheit berichtete, blickten sich die drei Männer nur gegenseitig etwas nervös an. Einer rutschte unruhig auf seinem Stuhl hin und her, räusperte sich und meinte schließlich: »Ich weiß, wie du dich jetzt fühlst. Ich beobachte meine Nachbarn nun schon seit fast zwei Jahren. Vom ersten Stock unseres Hauses aus kann ich direkt in ihr Schlafzimmer blicken.«

Kaum hatte er geendet, begann der Zweite zu erzählen: »Ich schaue meiner Nachbarin nun schon seit über einem Jahr zu. Sie ist allein stehend, Mitte 20 und putzt ihr Haus unbekleidet. Da unsere Häuser so dicht gegenüberstehen, habe ich abends einen guten Blick in ihre Wohnung, da sie ihre Vorhänge nicht zuzieht.«

Beide Männer gaben zu, dass sie sich schon mehrmals vorgenommen hätten, nie mehr hinzuschauen, dass sie aber der Versuchung einfach nicht widerstehen konnten. Ich fragte mich, ob mir das Gleiche auch blühte. Da ich entschlossen war, dass das bei mir nicht mehr vorkommen sollte, musste ich selbst etwas unternehmen. Und meine Freunde folgten meinem Beispiel. In Kapitel 11 erfahren Sie, was wir taten, um uns und die Privatsphäre unserer Nachbarn zu schützen.

Als ich an diesem Abend von dem Treffen nach Hause ging, erkannte ich einmal mehr, dass von dem weiblichen Körper eine gefährliche Anziehungskraft ausgeht – dass er die Macht hat, einen Mann in eine beinahe sklavische Abhängigkeit zu führen; ihn zu Dingen zu verleiten, die gegen seine festen moralischen Prinzipien verstoßen, und die Macht, ihn selbst und diejenigen, die er liebt, zu zerstören.

Die Schattenseite

Sie haben sicherlich schon bemerkt, dass meist gerade die Frauen am attraktivsten sind, die Sie selbst nicht haben können oder haben sollten. Wenn Sie das zuweilen so empfinden, befinden Sie sich in guter Gesellschaft. Wir Männer sind nämlich alle fasziniert von den Dingen, die wir nicht haben können, die außerhalb unserer Reichweite liegen. Ich weiß das aus eigener Erfahrung. Schon früh in meinem Leben erschienen mir gerade die Dinge, die ich nicht tun sollte, viel anziehender als die Dinge, die ich tun sollte.

Ich erinnere mich zum Beispiel daran, dass meine Eltern mir verboten hatten, vor dem Essen Süßigkeiten zu naschen. Aber süße Sachen schmeckten mir einfach immer viel besser als das Abendessen. Und Hamburger und Hotdogs schmeckten schon immer wesentlich besser als Brokkoli oder Spinat.

Als mir einmal zufällig eine Ausgabe des *Playboy* in die Hände fiel, war ich fasziniert von den Bildern. Meine Eltern machten mir klar, dass es nicht gut für mich sei, die Bilder von nackten Frauen anzuschauen. Aber für mich sahen die unbekleideten Frauen im *Playboy* natürlich besser aus als die angezogenen Frauen in meiner Umgebung.

Als ich mit dem Autofahren anfing, musste ich lernen, mich an die Verkehrsregeln zu halten und die Geschwindigkeitsbegrenzung nicht zu überschreiten, aber es machte viel mehr Spaß, auf die Tube zu drücken und die anderen zu überholen, als im Schneckentempo dahinzuschleichen.

Ich wünschte, ich könnte sagen, dass sich das alles mit dem Erwachsenwerden bei mir geändert hätte. Vor einiger Zeit eröffnete mir mein Arzt, dass mein Cholesterinspiegel gefährlich hoch war. Er händigte mir eine Liste aller Speisen aus, die ich nicht essen sollte. Und was war mit Eiskrem und Schokoladentorte? Die standen natürlich an erster Stelle auf dieser Liste! Die meisten Sachen, die ich liebend gerne esse, sind strikt verboten. Und die von meinem Arzt empfohlenen Diätprodukte schmecken wie Pappe.

Als begeisterter Sportfan lese ich gerne eine bekannte Sportillustrierte. Immer wenn die alljährliche Schwimmausgabe herauskommt, sage ich mir beim Anblick des Titelbildes nicht gerade: »O, die ist aber hässlich!« So schön auch meine Frau ist, ich finde auch andere Frauen recht anziehend. Und oft sind sie sogar noch attraktiver für mich als Cindy.

Als ich meiner Frau dieses Geheimnis zum ersten Mal anvertraute, reagierte sie ausgesprochen verletzt, obwohl sie sich das sicher schon gedacht hatte. Selbstverständlich hätte sie einfach Angst, dass sie für mich ihren Reiz verloren hatte, so als ob es an ihr läge, wenn ich mich auch zu anderen Frauen hingezogen fühlte.

»Ich bin da kein Einzelfall!«, versicherte ich ihr. »Alle Männer sind so. Schau dir nur mal die berühmten und reichen Männer an, die erst einen Hollywoodstar heiraten, nach ein paar Jahren genug von ihr haben und dann die nächste jüngere Frau heiraten.« Ich versuchte, Cindy zu erklären, dass ich mich sehr wohl zu anderen Frauen hingezogen fühlen könnte, ohne dass dies zwangsläufig bedeutete, dass sie nicht die attraktivste Frau für mich wäre. Aber damit sie auch weiterhin die Nummer eins in meinem Leben war, brauchte ich jede Menge Disziplin und musste mich selbst verstehen lernen. Ich musste mich einerseits selbst soweit kennen, um zu wissen, warum andere Frauen oftmals in meinen Augen besser aussehen, und zum anderen musste ich bewusst Entscheidungen treffen, die meine sexuelle Energie einzig auf meine Frau richteten.

Die verbotene Frucht

Mein Streben, mich selbst besser verstehen zu lernen, veranlasste mich dazu, die Frage, warum nackte Frauen so gut aussehen, neu zu formulieren und mich eher zu fragen: »Warum sehen andere nackte Frauen manchmal besser aus?«

Im vorangegangenen Kapitel wurde deutlich, dass Gott den Mann so geschaffen hat, dass er sich an der Schönheit einer Frau erfreut. Das ist auch gut so! Es ist etwas Gesundes und Normales. Aber diese weibliche Anziehungskraft kann schädlich werden, wenn unsere Wertschätzung für die Schönheit einer Frau in pure Lust umschlägt, wenn wir sie nicht mehr als Person sehen, sondern lediglich als Körper, den wir zu unserem Vergnügen benutzen können. Der Übergang von Bewunderung zu Lust funktioniert nach einem alt bekannten Schema, einem Verhaltensmuster, dem schon die ersten Menschen gefolgt waren. Obwohl das

Problem von Adam und Eva nichts mit sexueller Lust zu tun hatte, ist die Falle, in die sie hineingestolpert sind, die gleiche.

Immer wenn ich den Bericht über die Erfahrungen der ersten Menschen im Garten Eden lese, muss ich unwillkürlich vor Erstaunen meinen Kopf schütteln. Ich würde mir dann gerne einreden, dass ich gegen Versuchung immun wäre, wenn ich all das besitzen würde, was Adam und Eva gehabt hatten. Aber natürlich wäre das nicht so. Und bei Ihnen wäre es vermutlich auch nicht so.

Den beiden ist etwas widerfahren, das uns Aufschluss gibt über unseren eigenen Kampf. Zunächst war an der Frucht, die sie nicht essen sollten, an und für sich nichts Schlechtes (Gen 2,17). Die Frucht war nicht giftig und sie war auch nicht verdorben. Sie war etwas Gutes. Aber Gott sagte Adam und Eva, dass sie nicht davon essen sollten. Und warum? Um ihre Bereitschaft, ihm zu dienen, auf die Probe zu stellen und ihnen Gelegenheit zu geben, sich frei zu entscheiden. Sie wurden nicht gezwungen, gehorsam zu sein. Gott schenkte ihnen die Freiheit zu wählen, was sie aus ihrem Leben machen wollten.

Manchmal sind schlechte Dinge eigentlich gute Dinge, die aber tabu sind. Ein anderes Mal sind schlechte Dinge gute Dinge, die wir übermäßig beanspruchen. Es ist auch nichts Schlechtes am Sex als solchem oder an der Schönheit einer nackten Frau. Gott hat uns als sexuelle Wesen erschaffen, und er hat auch nichts gegen das Vergnügen einzuwenden, das uns sexuelle Intimität verschafft. Aber Sex wird zu etwas Schlechtem und Schädlichem, wenn er in einer Weise praktiziert wird, die von Gott verboten ist.

Das bedeutet nun wiederum nicht, dass gewisse Einstellungen und Handlungen nicht auch an sich schon schlecht sein können. Bitterkeit, Böswilligkeit, Unaufrichtigkeit und Gier sind schlecht, ebenso Diebstahl und Verleumdung. Aber der Sex gehört nicht zu den Dingen, die von Grund auf schon schlecht sind.

Ich habe mich oft gefragt, ob Adam und Eva der verbotenen Frucht viel Beachtung geschenkt hätten, wenn die Schlange nicht mit Eva gesprochen hätte. Eines ist jedenfalls sicher: Die Schlange wusste genau, was sie sagen musste, um etwas Verbotenes ansprechend und interessant erscheinen zu lassen.

Die Schlange sprach mit Eva ganz vertraulich wie mit einem alten Freund: »Ja, sollte Gott gesagt haben: ihr sollt nicht essen von allen Bäumen im Garten?« (Gen 3,1).

Eva erklärte der Schlange ganz naiv, dass sie von allen Früchten der Bäume im Garten essen durften außer von einem und dass sie sterben würden, wenn sie es doch täten.

Die Schlange versicherte ihr daraufhin: »Ihr werdet keineswegs des Todes sterben, sondern Gott weiß: an dem Tage, da ihr davon esset, werden eure Augen aufgetan, und ihr werdet sein wie Gott« (Gen 3,4–5).

Plötzlich schien die Frucht an diesem Baum die begehrenswerteste aller Früchte im ganzen Garten Eden. Je länger Eva diese Frucht betrachtete, desto unwiderstehlicher wurde sie. Satan glorifizierte die verbotene Frucht, so dass diese eine magische Anziehungskraft ausübte.

Auch wenn Eva alles hatte, was sie brauchte, täuschte Satan sie derart, dass sie schließlich glaubte, sie hätte Bedürfnisse, die Gott nicht erfüllen könnte. Er machte sie glauben, dass sie sein würde wie Gott, wenn sie nur von der verbotenen Frucht essen würde.

Satan hat seine Masche im Laufe der Zeit kein bisschen geändert. Auch heute zieht er alle Register, um uns an der Nase herumzuführen, so dass wir schließlich glauben, dass Sex mit anderen Frauen befriedigender sei als mit der eigenen und dass nur diese Frauen uns geben könnten, was wir wirklich brauchen.

Wenn auch ein One-Night-Stand oder ein Seitensprung vielleicht kurzfristig großes Vergnügen bereiten können, so ist das doch nur von kurzer Dauer. Salomo sagte einmal: »Denn die Lippen der fremden Frau sind süß wie

Honigseim, und ihre Kehle ist glatter als Öl, hernach aber ist sie bitter wie Wermut und scharf wie ein zweischneidiges Schwert« (Spr 5,3-4).

Salomo hat also keineswegs die Schönheit einer anderen Frau verachtet. Und er hat auch nicht das kurze Vergnügen, das sie bereitet, geleugnet. Adam und Eva mögen wohl auch den Geschmack der verbotenen Frucht genossen haben, aber die Folgen dieser Tat holten diesen kurzen Augenblick des Vergnügens bald ein.

Ist der Teufel an allem schuld?

Uns ist allen – zumindest verstandesmäßig – klar, dass das Vergnügen der sündhaften Lust nur von kurzer Dauer ist. Aber trotzdem sind wir immer noch empfänglich für die Lüge, die uns weismachen will, dass uns die verbotene Frucht eine tiefe Befriedigung verschaffen wird. Wir wollen immer noch ihre Süße schmecken. Und wir werden zeitlebens gegen die Versuchung ankämpfen müssen, in den Genuss der Schönheit einer anderen Frau kommen zu wollen.

Dabei ist es völlig unerheblich, wie schön die Frau des Mannes tatsächlich ist. Ich habe Männer kennen gelernt, die ihre Frau betrogen, obwohl sie mit einem Model verheiratet waren. Genau wie Eva halten wir immer nach noch mehr Ausschau, nach etwas, das uns noch mehr Befriedigung gibt und noch mehr Vergnügen bereitet. Und wie Eva können wir keine Enttäuschung ertragen.

Warum haben verbotene Dinge nur solch eine magische Anziehungskraft? Zum Teil, weil böse Mächte in der Lage sind, ihnen einen Glanz zu verleihen, der anziehend wirkt. Hinter den Kulissen geht etwas vor sich, das wir nicht sehen können. Das ist ein Grund, warum die Lust so anziehend ist.

Da Satan der verbotenen sexuellen Schönheit eine besondere Faszination verleihen kann, fühlen wir uns vielleicht im Recht, wenn wir ihn für unseren inneren Kampf verantwortlich machen. Adam und Eva versuchten es auch mit dieser Entschuldigung, als Gott sie mit ihrer Sünde konfrontierte. Adam beschuldigte Eva und Eva beschuldigte die Schlange (Gen 3,12–13). Aber Gott kaufte ihnen das nicht ab und zog die beiden für ihr Handeln zur Verantwortung.

Die schlummernde Bestie

Auch wenn Satan die Macht hat, uns zu verführen, so sind doch letztendlich wir es, die die Entscheidungen treffen. Und wenn wir uns dafür entscheiden, die verbotene Schönheit zu begehren, dann ist diese Entscheidung von unserem eigenen bösen Verlangen motiviert.

An meinem achten Geburtstag schenkten meine Eltern mir ein schönes Luftgewehr. Sein stählerner Lauf und sein geschnitzter Holzschaft machten es zu einem wahren Schmuckstück. Das Gewehr und ich waren unzertrennlich. Flaschen, Dosen, Straßenschilder – nichts war vor uns sicher.

Nun, fast nichts. Eines Nachmittags holte ich mein Gewehr heraus und zielte auf einen Vogel, der auf dem Weidenbaum in unserem Hinterhof saß. Gerade, als ich dabei war abzufeuern, rannte meine ältere Schwester Patsy auf den Hof, gestikulierte wild mit den Armen und schrie. Als der Vogel davonflatterte, sah sie mich an und lächelte. Sie sagte keinen Ton, aber ihr süffisantes Lächeln schien mir zu sagen: »Ha! Jetzt hab ich dir gezeigt, wer hier das Sagen hat.«

In diesem Moment wurde ich von einem merkwürdigen Gefühl gepackt. Ich neigte das Rohr nach unten und zielte auf meine Schwester. Ihre verschmitzte Zuversicht wich einem Ausdruck des Schreckens, und sie rannte, so schnell sie konnte, davon. Ich zielte auf den Teil von ihr, der meiner Ansicht nach am besten gepolstert war, und betätigte den Abzug. Das Luftgewehr fand sein Ziel. Meine Schwester griff mit beiden Händen an ihr Hinterteil, schrie laut auf, stürzte ins Haus und jammerte: »Er hat mich getroffen! Er hat mich getroffen!« Einen kurzen Augenblick lang fragte ich mich, welcher Teufel mich da geritten hatte, so etwas Grausames zu tun. Aber ich wusste auch, dass ich es genossen hatte.

Nachdem mein Vater mich bestraft hatte, konfiszierte er mein Gewehr. Aber wenn er auch die Macht hatte, mir das Werkzeug wegzunehmen, mit dem ich etwas Böses anstellen konnte, so konnte er doch nicht die dunkle Seite meines Wesens auslöschen, das Gefallen daran hatte, etwas Gemeines zu tun.

Jeder von uns hat Bereiche in seinem Leben, in denen er bestenfalls gemischte Gefühle und schlimmstenfalls einen starken Hang zum Bösen hat. Wir wissen, was richtig ist, tun aber letztendlich doch das Verkehrte. Bei jedem ist dieser innere Kampf vielleicht etwas anders gelagert, aber wir alle kämpfen auf die eine oder andere Weise damit. Wir genießen es alle, das zu tun, was wir nicht tun sollten. Auch wenn wir Besserung geloben, verfallen wir oft wieder in den bösen alten Trott.[1]

Ich erinnere mich noch, wie ich mir als Kind vorgenommen hatte, von einem Augenblick auf den anderen immer brav zu sein. Aber wie sehr ich mich auch anstrengte, ich tat immer noch Dinge, die ich nicht hätte tun sollen. Als ich dann älter und reifer wurde, lernte ich sehr schnell, wie ich etwas vertuschen konnte. Aber selbst wenn andere nicht wussten, was in meinem Leben vor sich ging, so wusste ich es doch. Ich wusste, dass es da einen Teil in meiner Persönlichkeit gab, der von einer unersättlichen Vergnügungssucht besessen war. Und diese »Bestie« in mir wollte einfach nur das haben, was sie verlangte.

Die Bestie erwacht

Warum sehen andere Frauen manchmal besser aus? Kurz gesagt: wegen der bösen Mächte um uns herum und der animalischen bzw. sündigen Leidenschaften in uns.

Natürlich kann es vorkommen, dass diese Bestie Winterschlaf hält. Ein Mann verbringt vielleicht den Großteil seines Lebens, ohne ein Problem mit der Lust zu haben. Oder er hat sich so unter Kontrolle, dass er nichts zu befürchten hat. Aber eines Tages geschieht vielleicht etwas, das die Bestie aus ihrem Winterschlaf erwachen lässt.

Wenn das passiert, sind wir nicht mehr der Herr im eigenen Haus. Wir sind Sklaven. Unsere verkehrte Natur hat dann die Oberhand gewonnen. Der Apostel Paulus musste das bei sich selbst feststellen. Er drückte das so aus: »So tue nun nicht ich es, sondern die Sünde, die in mir wohnt« (Röm 7,17).

Wenn Paulus hier von seinem »Ich« spricht, meint er damit seinen Wesenskern, den Teil seines Selbst also, der sich nach Gott ausrichtet. Er spricht von der Stelle seiner Persönlichkeit, in der Gottes Geist lebt.

Paulus war klar, dass nicht sein eigentliches Ich, also der Teil seines Selbst, der mit Christus verbunden war, dieses schlechte Benehmen an den Tag legte. Es waren vielmehr sein Hang zur Sünde und der unstillbare Appetit der Bestie in ihm, die das Böse hervorbrachten.

Verstehen Sie mich bitte nicht falsch. Paulus wollte damit keineswegs sein böses Handeln rechtfertigen. Und er wollte auch nicht die Verantwortung von sich wegschieben. Nein, er wollte damit lediglich eine Tatsache zum Ausdruck bringen, nämlich dass der wahre Paulus, der sich so sehr wünschte, richtig zu handeln, nicht der war, der das Böse auch tat. Vielmehr war es die Bestie, die die Herrschaft über ihn gewonnen hatte, die so handelte.

Obwohl ich weiß, dass Paulus nicht besessen war von der Sexualität, war auch er grundsätzlich nicht frei von der

Gefahr, Sklave seiner Wünsche und Begierden zu werden (vgl. Röm 7,14–20). Auch wenn er sein sündiges Wesen im Griff hatte, war er doch weiterhin der Gefahr ausgesetzt, von ihr beherrscht zu werden. Er sagte sogar ganz deutlich, dass er wusste, wie es ist, wenn man von der Sünde gefangen gehalten wird (vgl. Röm 7,23).

Die andere Frau

Vielleicht denken Sie jetzt, Sie könnten das Problem schon dadurch verhindern, dass Sie sich darüber im Klaren sind, dass Sie keine andere Frau begehren sollen. Das funktioniert aber nicht. Eva im Garten Eden wusste ganz genau, was Gott von ihr verlangte, aber Satan nutzte gerade das Gebot Gottes dazu, sie in Versuchung zu führen. Er fragte sie: »Ja, sollte Gott gesagt haben …?« (Gen 3,1). Diese Frage war der Ausgangspunkt für ihre Versuchung.

Nur wenige Dinge können unser sündiges Verlangen so wachrütteln wie das Wort »verboten«. Seien Sie ehrlich: Was würden Sie instinktiv tun wollen, wenn Sie auf der Autobahn fahren und plötzlich ein Schild sehen: »Tempo 80«? Lächeln Sie und sagen: »O klasse!«? Ich würde das jedenfalls nicht tun! Ich möchte diese Vorschrift umgehen und schneller fahren.

Nichts bringt die Bestie in Ihrer Seele mehr in Fahrt als etwas, was tabu ist. Deshalb benutzt sie ja auch die Gesetze Gottes dazu, um Gewalt über Ihr Leben zu bekommen. Diese Gebote würden Sie nämlich daran erinnern, dass Gott gesagt hat, dass sinnliche Begierde etwas Verkehrtes ist. Wenn Sie sich die Gebote anschauen, wissen Sie sofort, was Sie tun sollen. Wenn Sie sich selbst einreden, dass Sie schon das Richtige tun werden, wird der Teil in Ihnen, der das Gute tun will, sozusagen in einen Nahkampf mit Ihrer sündigen Natur treten. Und Ihr guter Teil hat dabei kaum eine Chance.

So war es auch bei David. Er war ein Mann, dem die ganze Welt zu Füßen lag. Er hatte seine Feinde besiegt und Israel Frieden und Sicherheit verschafft. David hatte eine liebevolle Frau und gute Freunde. Er war nicht nur ein hervorragender militärischer Stratege, sondern auch Dichter. Er schrieb viele der Psalmen als Ausdruck seiner Liebe zu Gott.

Als Belohnung für seinen Glauben und seine Treue versprach Gott David ein Königreich, das von Dauer sein sollte (2 Sam 7,16). Wenn jemand sich mit den Geboten Gottes auskannte, dann David. Doch als er bei seinen Truppen auf dem Schlachtfeld hätte sein sollen, blieb er zu Hause. Anstatt nach seiner Armee zu sehen, beobachtete er seine Nachbarin beim Baden und erlag ihren Reizen (2 Sam 11,1–27).

Jedes Mal, wenn ich Davids Geschichte lese, stelle ich mir wieder die gleiche Frage: »Was hatte er auf dem Dach seines Palastes zu schaffen, von wo aus er Batseba sehen konnte?« Obwohl ich es nicht ganz sicher weiß, so nehme ich doch an, dass er das Gleiche tat, was Männer heute auch tun, wenn sie in einem Hotel beim Fernsehen hin- und herschalten oder in einem Buchladen ein Erotik-Magazin durchblättern. Er rechnete sich seine Chancen bei anderen Frauen aus, und zwar bei denen, die er nicht haben konnte.

Wie andere Männer so wollte auch David genau die Frau haben, von der Gott sagte, sie sei tabu für ihn. Und warum war das so? Weil seine sündige Natur dadurch erregt war, dass er sie nicht haben sollte oder konnte. Und so ist es auch bei mir und bei Ihnen. Die Bestie in uns will nur das eine: die totale Kontrolle über unser Leben (vgl. Röm 7,23). Und dazu benutzt sie sogar Gottes Gebote.

Das ist tabu

Ich habe schon bei vielen Männerkreisen überall in den USA gesprochen und hatte auch viele persönliche Gespräche mit Christen, in denen es um das Thema »Versuchung« ging. Immer wieder habe ich dabei festgestellt, dass Männer oft der Meinung sind, *in puncto* sinnliche Begierde auf verlorenem Posten zu stehen und quasi gegen Windmühlenflügel zu kämpfen. Es ist ein Kampf, über den sie zudem nicht gerne reden. Warum haben sie nicht die Freiheit dazu? Weil in christlichen Kreisen sexuelle Sünde als etwas sehr Schwerwiegendes gilt, was sie ja auch tatsächlich ist. Aber diese legitime Begründung kann auch eine Furcht vor Missverständnissen und Zurückweisung hervorrufen, eine Furcht, die Männer oft in die Isolation treibt. So kann man mit Fug und Recht behaupten, dass sexuelle Sünde unter christlichen Männern im wahrsten Sinne des Wortes ein Tabuthema ist.

Diese Tatsache verstärkt das Problem der sinnlichen Begierde nur noch mehr. Überall wird der Eindruck vermittelt, als könnten Pornografie, Prostitution und Affären echte intime Beziehungen schaffen. Die beste Möglichkeit, sich gegen diese Illusion zu wehren, besteht darin, eine echte Vertrautheit oder Offenheit zu einer anderen Person aufzubauen. Da die meisten Männer zu einer solchen Bindung kaum fähig sind, wird der Machtbereich der sinnlichen Begierde nur immer größer, und andere Frauen werden auf Grund der Illusion von Intimität, die sie vermitteln, unwiderstehlich.

Zusammenfassung

Sie denken jetzt vielleicht: »Was soll das jetzt alles bedeuten?« Ich will hier nur noch einmal alles kurz zusammenfassen und eine Schlussfolgerung daraus ziehen.

Wir wissen alle, dass Gott etwas Wunderbares und Geheimnisvolles geschaffen hat: Männer finden eine nackte Frau außerordentlich schön und hinreißend. Aber dieses Geheimnis kann schnell gefährlich werden, weil Männer auch neben ihrer Frau noch andere Frauen attraktiv finden, und oft sind es andere Frauen, die wir nicht haben können, die gerade am besten aussehen. Warum ist das so?

- Weil böse geistliche Mächte sie äußerst anziehend erscheinen lassen,
- weil unsere sündigen Begierden von allem angezogen werden, was uns verboten ist,
- weil die Gebote Gottes, die uns anweisen, Unmoral zu meiden, unsere Lust nur noch mehr anstacheln,
- weil die Illusion von Intimität oft stärker ist als die Realität selbst,
- weil wir von anderen Männern isoliert sind und nicht über unsere Gefühle sprechen können.

Ich hoffe, dass nun etwas verständlicher wird, wie ernst es uns damit sein muss, ein moralisch einwandfreies Leben zu führen. Vielleicht sehen Sie jetzt ganz genau, warum sinnliche Begierde ein so großes Problem darstellt. Das Problem erscheint Ihnen vielleicht so groß, dass Sie glauben, es nicht bewältigen zu können. Aber das stimmt nicht. Vor ein paar Jahren habe ich eine Geschichte gehört, die die Dinge ins rechte Licht rückt.

Das unheilbare Jucken

Es war einmal ein junger Mann, der sich in eine Höhle in den Bergen zurückzog, um sich von einem weisen Mann unterweisen zu lassen. Der Schüler wollte alles lernen, was es zu wissen gab. Der weise Mann versorgte ihn mit Stapeln von Büchern, aber jedes Mal, bevor er die Höhle verließ, streute er ein Pulver auf die Hand des Schülers, das einen Juckreiz verursachte.

Jeden Morgen kehrte der weise Mann zur Höhle zurück, um sich von den Lernfortschritten seines Zöglings zu überzeugen. »Hast du schon alles gelernt, was es zu wissen gibt?«, fragte der weise Mann ihn.

Und jeden Morgen war die Antwort des Schülers dieselbe: »Nein. Ich habe noch nicht alles gelernt.«

Daraufhin streute der weise Mann wieder das Juckpulver auf die Hand des Schülers und ging.

Dieses Szenario wiederholte sich Monat für Monat. Eines Tages betrat der weise Mann wieder die Höhle. Bevor er jedoch seine Frage stellen konnte, griff der Schüler nach der Puderdose und warf sie ins Feuer.

»Herzlichen Glückwunsch!«, sagte der weise Mann ganz zum Erstaunen seines Schülers. »Du hast deine Prüfung bestanden. Du weißt alles, was du wissen musst.«

»Wie kommt das denn?«, fragte der Schüler.

»Du hast gelernt, dass du nicht warten musst, bis du alles gelernt hast, um aktiv zu werden und dem Jucken ein Ende zu bereiten.«

Es kann sein, dass der Kampf mit sinnlichen Begierden und erotischer Lust sozusagen ein ständiges Jucken in Ihrer Seele verursacht hat. Sie haben daran herumgekratzt in der Hoffnung, dass es besser wird, aber genau das Gegenteil war der Fall: Es juckt nur noch mehr. Sie haben Gott schon mehrfach versprochen, dass Sie sich schon zusammenreißen werden, um die Sache in den Griff zu bekommen. Aber das Jucken will nicht aufhören und Sie können es auch nicht abstellen.

In gewisser Weise ist das ja das Ziel dieses Buches: Ihnen zu helfen, dass Sie Ihr Leben in den Griff bekommen und den Juckreiz beseitigen. Aber die Zielsetzung dieses Buches geht noch darüber hinaus: Es möchte Ihnen helfen, nicht nur ein Mann zu werden, der seine Begierde im Zaum halten kann, sondern der auch ein moralisch einwandfreies Leben führt, das Gottes Zustimmung findet. Die nachfolgenden Kapitel wollen Ihnen dabei helfen.

Denkanstöße

1. Welche Rolle spielen geistliche Mächte im Hinblick darauf, dass ein Mann sich zu anderen Frauen hingezogen fühlt?
2. Warum befreit uns das Wissen um diese dämonischen Kräfte nicht von der Verantwortung für unser Tun?
3. Gab es schon mal Zeiten in Ihrem Leben, in denen Sie sich selbst eingeredet haben, dass Sie Sex außerhalb der Ehe genießen könnten und ungeschoren davonkämen? Welche Gedanken haben bei Ihrer Schlussfolgerung zu einer solch irrigen Annahme geführt?
4. Was ist der Unterschied zwischen »die Schönheit einer Frau schätzen« und »eine Frau begehren«?
5. Inwiefern schaffen christliche Gemeinden und Gruppierungen manchmal eine Atmosphäre, die das Problem der sexuellen Begierde eher noch verstärkt?
6. Auf welche Art und Weise vermitteln andere Frauen die Illusion von Intimität? Wie unterscheidet sich diese Illusion von der echten Intimität? Inwiefern kann das Gespräch und der offene Austausch mit anderen Frauen und Männern dazu beitragen, mit dieser falschen Einstellung richtig umzugehen?
7. Genauso wie Satan die Schönheit einer Frau, die für uns tabu sein sollte, glorifizieren kann, kann Gott Sie als Mann dazu befähigen, die Schönheit Ihrer eigenen Frau wahrzunehmen. Bitten Sie Gott darum, dies für Sie zu tun.

Kapitel 3

»Ich komme einfach nicht davon los!«

An dem Tag, an dem die Story im größten Nachrichtenblatt von Portland, Oregon, erschien, hatte ich mich zum Mittagessen mit einem Freund verabredet. Er fragte mich: »Was sagst du eigentlich zu dem Feuer, das in der ›Fantasy Videothek‹ (einer Videothek für nicht jugendfreie Filme) ausgebrochen ist?«

Noch bevor ich ihm darauf antworten konnte, sagte er: »Der arme Kerl, der dabei draufging, kann einem nur Leid tun.«

»Na ja, seine Mutter kann einem Leid tun«, entgegnete ich. Zeitungsreporter hatten sie nach dem Brand interviewt. Sie hatte erklärt, dass sie ganz sicher war, dass ihr Sohn die Videothek nur ein paar Mal besucht hatte, denn er war ja ein anständiger Sohn und angesehener Mitarbeiter seiner Firma. »Stell dir vor, das wäre das letzte Andenken, das du an deinen Sohn hast.«

Es gibt nur wenige Dinge, die mich völlig aus der Fassung bringen können, aber bei den folgenden Worten meines Bekannten fiel ich fast vom Stuhl.

»Das hätte ich gewesen sein können«, sagte er.

»Wie bitte?«, fragte ich zurück.

»Ich bin auch dort gewesen, Bill. Es hätte sein können, dass auch ich heute in der Zeitung stehe. Dann hätten dir meine Frau und meine Kinder auch Leid tun können«, fügte er hinzu.

»Hast du vor, wieder hinzugehen?«, fragte ich.

»Das dürfte wohl etwas schwierig werden«, meinte er lapidar. »Der Laden ist bis auf die Grundmauern abgebrannt.«

Damit hatte er Recht. Aber das dicke Ende der Geschichte kommt noch. Die Stadtverwaltung erteilte dem Videothekbesitzer eine Verwarnung wegen Verletzung der Brandschutzvorschriften, und die Versicherungsgesellschaft zahlte ihm eine stattliche Summe, die mehr als ausreichte, um das Geschäft wieder aufzubauen. Heute ist die Videothek größer und schöner denn je zuvor.

Und wie ging es mit meinem Freund weiter? Vor ein paar Wochen habe ich ihn gefragt, ob er den neuen Laden schon betreten hätte. Er bejahte. Als ich ihn nach dem Grund dafür fragte, gab er mir lapidar zur Antwort, er wüsste es selber nicht.

»Jedes Mal, wenn ich den Laden verlasse, komme ich mir vor wie der Abschaum der Menschheit«, sagte er. »Jedes Mal gelobe ich mir hoch und heilig, dass mich dort keine zehn Pferde mehr reinbekommen, aber nach einiger Zeit kann ich dem Drang einfach nicht mehr widerstehen. Ich komme einfach nicht davon los.«

Leider ist mein Bekannter kein Einzelfall. Manche Männer können der Versuchung einfach nicht widerstehen und es gibt ja auch genügend Möglichkeiten: nicht jugendfreie Sendungen im Kabelfernsehen, pornografische Seiten im Internet, Striptease-Bars oder Flirts im Büro.

Es ist so leicht, in die Falle sexueller Sünde zu tappen. Aber dort wieder herauszukommen, ist eine andere Sache. Die Falle schnappt blitzschnell zu und ihre Haken sind lang und scharf. In diesem Kapitel sollen deshalb die unterschiedlichen sexuellen Zwänge untersucht und nach den Gründen geforscht werden, warum diese eine solch starke Macht haben. Nicht zuletzt will ich das verkehrte Denken aufzeigen, das dahinter steht.

Gesteigerte Lust

Es wäre eine feine Sache, wenn eine »fromme Gesinnung« einen Menschen von der Gefahr sexueller Zwänge befreien könnte, aber leider ist es in der Tat oft so, dass die Gemeinden ein Ambiente schaffen, in dem sexuelle Süchte geradezu florieren. Und wieso? Weil Heimlichtuerei und Risikobereitschaft den Adrenalinschub, der mit sexuellen Sünden verbunden ist, erhöhen. Diese fungieren gewissermaßen als Turboantrieb, der der männlichen Lust einen kräftigen Energiestoß verpasst.

Der Nervenkitzel des Risikos ist gerade in einer Umgebung besonders groß, in der eine sexuelle Verfehlung als die schlimmste »Todsünde« überhaupt angesehen wird. Je größer das Vergehen dabei ist, desto größer ist der damit verbundene Kick, diese zu begehen. Da bekanntlich sexuelle Sünden einen solchen Reiz schaffen, können sie leicht zu einem Suchtverhalten führen. Und wenn ein Mann eine sexuelle Sünde begeht, wird er sie aller Wahrscheinlichkeit nach geheim halten. Das macht die Situation aber nur noch schlimmer. Die meisten Männer würden es dennoch eher vorziehen, mit der Situation alleine fertig zu werden, als Gefahr zu laufen, auf alle Ewigkeit verdammt und verstoßen zu werden.

Ein Fachmann auf dem Gebiet des Suchtverhaltens erzählte mir, dass er der Meinung sei, christliche Fundamentalisten wie auch Kirchen- und Gemeindeleiter litten sehr viel stärker unter einem zwanghaften sexuellen Verhalten als jeder andere in unserer Gesellschaft. Ob er wirklich Recht hat, kann niemand mit Bestimmtheit sagen. Aber eines weiß ich ganz genau, nämlich, dass weit mehr Christen sexuelle Verfehlungen begehen, als wir vermuten.

Bei meinen Seminaren, die ich in den letzten zehn Jahren überall im ganzen Land in Kirchen und Gemeinden gehalten habe, war ich immer bestrebt, den geistlichen Puls der Zeit dieser Kirchen zu fühlen. Und so habe ich dort häufig Umfragen durchgeführt. Mein Ziel war dabei nicht, ein wissenschaftlich absolut exaktes Ergebnis zu erzielen, sondern ich wollte nur ein Gespür dafür bekommen, wo die Männer geistlich standen. Zu meiner Überraschung gaben 55 % der befragten Männer an, sie hätten mit einer verborgenen sexuellen Abhängigkeit zu kämpfen oder in jüngster Vergangenheit damit zu kämpfen gehabt. Die Prozentzahlen waren überall annähernd die gleichen, unabhängig vom Umfeld und der Größe der Kirche.

Während die meisten Männer zwar »lediglich« ein Problem mit Pornografie und Masturbation hatten, hatten andere gegen schwerwiegendere Zwänge anzukämpfen. Sie können davon ausgehen, dass es unzählige Männer gibt, die Sonntag für Sonntag in die Kirche gehen mit der Angst, dass ihre Sünde aufgedeckt wird. Wenn dann die Abendzeitung erscheint und Bilder gezeigt werden von amerikanischen Männern, die dafür bestraft werden, weil sie ein Straßenmädchen aufgegabelt haben, schrecken viele vor Angst zurück. Warum? Weil sie genau in der Woche zuvor die gleiche Gegend frequentiert haben. Wie mein Freund, von dem ich eingangs gesprochen habe, so wissen sie, dass auch über sie ein Bericht in der Zeitung stehen könnte.

Geh aufs Ganze!

Sex ist das Lieblingsthema vieler Talkshows im Nachmittagsprogramm. Die Moderatoren stürzen sich geradezu auf die Eskapaden ihrer Gäste. Eine häufig gestellte Frage ist dabei immer: »Warum haben Sie das getan?«

Während ich das schreibe, muss ich unwillkürlich an den früheren Berater des Präsidenten, Dick Morris, denken. Gerade in der vergangenen Woche trat er in einer Talkshow nach der anderen auf und stellte dabei sein neues Buch vor. Vor der Kamera beschrieb Morris seine jahrelange Affäre mit einem Washingtoner Callgirl. Ohne Ausnahme stellte jeder Moderator die gleiche Frage: »Wie konnten Sie bloß mit einer Prostituierten schlafen, wenn Sie wussten, dass Sie das um Ihre Ehe, Ihren Job und Ihren Ruf bringen kann?«

Morris konnte, wie die meisten anderen Männer auch, denen man diese Frage gestellt hat, keine eindeutige Antwort geben. »Ich weiß nicht, warum ich mich wie ein dummer kleiner Schuljunge aufgeführt habe«, sagte er. »Ich hatte so viel Kraft und Energie. Irgendwie dachte ich wohl, diese Regeln treffen auf mich nicht zu.«

Solche Antworten sind nur die halbe Wahrheit. Sie treffen nicht den Kern des Problems. Wenn ich auch nicht die genauen Umstände jedes Einzelnen kenne, so kenne ich doch zumindest einen Grund, warum Männer ein solches Risiko auf sich nehmen. Sie brauchen den Nervenkitzel, die Adrenalinspritze. Um ihren Puls auf Touren zu bringen, müssen sie das Risiko erhöhen. Als Kind genügte schon das Lesen des *Playboy,* um diesen Nervenkitzel zu bekommen. Außerdem: Was sollte schon passieren, wenn die Eltern einen dabei erwischten? Doch als Erwachsener verschaffen einem erotische Zeitschriften nicht mehr annähernd diesen Kitzel. Da muss man schon schwerere Geschütze auffahren: z. B. etwas tun, das einen um Kopf und Kragen bringen könnte.

Ein starker Mann mit einer Schwäche für Frauen

In vielerlei Hinsicht ähneln die Klatschgeschichten, die wir täglich in der Zeitung lesen, der Geschichte von Simson. Simson war ein großer und bedeutender Mann. Wenn er heute leben würde, würde sein Gesicht vermutlich auf der Titelseite einiger Zeitschriften prangen oder er würde zum Sportler des Jahres gewählt. Er war so stark, dass man annimmt, die Sage um Herakles geht auf seine Heldentaten zurück.

Noch wichtiger als seine Manneskraft aber war seine geistliche Stärke. Simson war ein Mann Gottes, »ein Geweihter Gottes von Mutterleibe an« (Ri 13,5). Als Zeichen seiner Verbundenheit mit Gott schnitt sich Simson niemals die Haare. Seine langen, wallenden Locken erinnerten andere Menschen an seinen uneingeschränkten Einsatz für Gott.

Gott gebrauchte Simson dazu, seine göttliche Kraft durch ihn hindurchfließen zu lassen. Im Alten Testament heißt es mehrfach: »Und der Geist des HERRN geriet über ihn« (Ri 14,6): bevor er mit bloßer Hand einen Löwen zerriss (Ri 14,6); bevor er eigenhändig 30 Mann erschlug (Ri 14,19) und bevor er weitere 1 000 Philister mit einem Eselskinnbacken erschlug (Ri 15,15).

Simson genoss großes Ansehen und Respekt als geistlicher Führer und als Krieger. Doch er hatte eine besondere Schwäche für Frauen. Und dieser einzige Charakterfehler wurde ihm letztendlich zum Verhängnis. Simson ließ sich mit Frauen ein, mit denen er sich nicht hätte einlassen dürfen.

Schon die ersten Worte, die von ihm in der Bibel festgehalten sind und die er an seine Eltern richtete, machen das Problem deutlich: »Ich habe ein Mädchen gesehen in Timna unter den Töchtern der Philister; nehmt mir nun diese zur Frau« (Ri 14,2).

Wie reagierten seine Eltern auf diese Bitte? Sie baten ihn, sich das nochmals gründlich zu überlegen. Es war ihnen unverständlich, dass Simson sich nicht eine Frau aussuchen konnte, die auch Gott guthieß.

Simson wollte aber ausgerechnet eine Frau heiraten, die für ihn nicht in Frage kam, die für ihn tabu war. Seine Argumentation war einfach: »Sie gefällt meinen Augen« (Ri 14,3).

Wie jeder, der sexuelle Sehnsüchte hat und davon nicht loskommt, zog sich Simson von seiner Familie und von Gott zurück. Der Genuss der verbotenen Frucht war ihm wichtiger als die Gemeinschaft mit der Familie.

Nachdem die Verbindung mit der Philisterin gescheitert war, hatte Simson seine ungezügelte Sexualität 20 Jahre lang im Griff. Doch noch vor seinem 40. Geburtstag kam seine sexuelle Energie wieder voll zum Durchbruch. Simson ließ sich in ein sexuelles Abenteuer mit einer Philisterin verwickeln, was ihn sein Augenlicht, seine Stellung, seinen Ruf und schließlich sogar das Leben kostete.

Der Teufelskreis der Zwänge und der Sucht

Simson geriet immer mehr in den Sog sexueller Abhängigkeit. Ich bin mir ziemlich sicher, dass dies mit zu seinem Tod beigetragen hat. Wenn wir heute mit Simson sprechen könnten, würde er ganz bestimmt seine Midlife-Crisis erwähnen. Er war gerade 40 Jahre alt geworden und hatte schon eine Menge im Leben erreicht. Er hatte die Philister vernichtet und 20 Jahre über Israel geherrscht. Simson war nicht ausgelastet; er hatte sozusagen Langeweile. Er hatte keine Ziele mehr und fühlte sich deprimiert.

Der stärkste Mann der Welt war also empfänglich für etwas, das seine Stimmung schlagartig ändern konnte und wodurch er sich wesentlich besser fühlte. Nichts konnte seine Stimmung so schnell heben wie eine schöne Frau, vor allem dann, wenn diese Frau für ihn tabu war.

Ich möchte an dieser Stelle die vier Stufen des Teufelskreises der sexuellen Sucht aufzeigen.

1. Fantasien

In der augenblicklichen Situation dachte Simson wahrscheinlich an sein früheres sexuelles Abenteuer in Timna zurück. Schon bald drehten sich seine Gedanken nur noch um andere Frauen. Schon allein der Gedanke an die Philisterinnen verursachte bei ihm einen Adrenalinanstieg. Und er träumte nur zu gerne von einer aufregenden Nacht mit solch einer Frau.

Schließlich reiste er nach Gaza. Vielleicht sagte er sich dabei: »Ich will mich bloß einmal umschauen.« Es zog ihn wie mit magischer Kraft in den »Rotlichtbezirk«. Danach wurden seine sexuellen Fantasien natürlich noch lebhafter. Nun kannte er die Frauen schon vom Sehen. Er konnte sich jetzt bis ins Kleinste ausmalen, wie er diese Frauen verführen könnte.

Diese erste gedankliche Beschäftigung mit Frauen scheint an und für sich harmlos. Es passiert ja noch nichts. Das ist zwar richtig, doch unsere Gedanken sind die Samen, die im Verborgenen keimen und wachsen.

2. Ritualisierung

Rituale sind bestimmte Verhaltensweisen, die wir immer wiederholen, bevor wir sie tatsächlich ausführen. Wenn uns etwas erregt, tun wir das immer und immer wieder; wir machen ein Ritual daraus.

Für Simson waren solche Rituale wahrscheinlich seine Reisen, die ihn immer wieder nach Gaza führten, oder seine Gespräche mit Prostituierten oder das Feilschen um ihren Liebeslohn.

Wie die Gedanken und Fantasien so sind auch die Rituale scheinbar harmlos. In der heutigen Zeit sind das vielleicht Dinge wie das Zappen durch die Fernsehprogramme, das flüchtige Anschauen von erotischen Magazinen am Zeitschriftenstand oder am Kiosk oder das Überfliegen von Kontaktanzeigen in der Zeitung. Das Problem dabei ist nur, dass wir, sobald wir damit anfangen, diese Verhaltensweisen zu ritualisieren, auch irgendwann den nächsten Schritt tun. Das ist nur eine Frage der Zeit.

Ich könnte mir vorstellen, dass Simson Gewissensbisse hatte. Das wäre nicht verwunderlich. Er war ja Israels geistlicher Führer. Wie konnte er seine Taten nur rechtfertigen? Vielleicht redete er sich ja selbst ein, jüdische Frauen wären nicht attraktiv genug für einen Mann wie ihn?! Und wie sollte *eine* Frau einen Mann mit einem solchen Geschlechtstrieb, wie er ihn hatte, befriedigen können?

3. Ausleben

Schließlich war es auf einer dieser Reisen Simsons soweit. Er schlief mit einer Philisterin, einer Hure (Ri 16,1). In ihren Armen fühlte er sich vital und energiegeladener als je zuvor. Er fühlte sich wieder jung. Der Schmerz seiner Midlife-Crisis war betäubt und die alte Hochstimmung kehrte zurück. Jahrelang hatte Simson versucht, seinen sexuellen Drang zu unterdrücken, schließlich gab er doch nach. Er ließ die Zügel locker und ließ seiner Lust freien Lauf.

Doch wenn das Vergnügen mit der Frau auch noch so groß gewesen sein mag, wurde es doch sehr schnell von Schuldgefühlen überschattet. Der Frau, die er vorher unbedingt haben musste, wollte Samson nun so schnell wie möglich entkommen. Doch wohin er auch ging, seine Schuld holte ihn überall ein. Simson hatte sich zwar mutig und kühn dem Haus der Frau genähert, aber er verließ es im Schutz der Dunkelheit – in der Hoffnung, dass ihn keiner bemerken würde (Ri 16,3).

4. Wiederholungszwang

Simson hatte sich wahrscheinlich fest vorgenommen, sich von Gaza fern zu halten. Die Männer, mit denen ich ins Gespräch komme und die eine außereheliche Beziehung haben oder sich im Hotelzimmer durch das Anschauen von Sexfilmen selbst befriedigen, nehmen sich Ähnliches vor. Aber sobald dann Langeweile oder Stress einsetzen, schleichen sich auch wieder sexuelle Sehnsüchte in ihre Gedanken. So war es sicher auch bei Simson, und da er schon einmal seine Grenzen überschritten hatte, war das zweite Mal schon einfacher – viel einfacher. Und vermutlich war auch sein sexuelles Verlangen stärker denn je. Er ging wieder nach Gaza und schlief mit einer Hure. Und wieder schämte er sich später dafür.

Die Geschichte von Simsons sexuellen Abenteuern zeigt deutlich, wie groß die Gefahr ist, den Teufelskreis der Zwänge und der Sucht mit seinen vier Stufen zu wiederholen. Wenn sich das sündige Verhalten wiederholt,

- verstärken sich die Abhängigkeit und das sexuelle Verlangen,
- verstärkt sich der Hang, ein größeres Risiko einzugehen,
- wird der Wunsch, der Versuchung zu widerstehen, geschwächt.

Wie ein tödlicher Sog, der seine Opfer mit in die Tiefe reißt, kann auch der Teufelskreis der sexuellen Sucht den stärksten Mann hinunterziehen. Simson ist das eindringlichste Beispiel dafür. Ich möchte hier lediglich die Gefahren dieses Strudels aufzeigen. Die Möglichkeiten, wie man sich gegen diesen Druck wehren kann, werden in Kapitel 9 aufgezeigt.

Abhängigkeit im Denken

Der Teufelskreis der Sucht zeigt zwar die Stufen unseres Verhaltens auf, erklärt aber noch lange nicht, warum wir überhaupt in diesen Teufelskreis geraten. Es ist jedoch gar nicht so leicht, eine Antwort auf diese Frage zu finden, da es verschiedene Ursachen dafür gibt, warum ein Mann unter sexuelle Zwänge gerät. Jedem sexuellen Suchtverhalten liegt jedoch ein gestörtes Denken zu Grunde, und dabei gibt es mindestens vier weitläufig verbreitete irrige Vorstellungen, die sich wie ein roter Faden durch jede Geschichte eines Suchtfalls ziehen.

»Ich kann das Hochgefühl des Frischverliebtseins immer wieder erleben«

Nachdem ich Christ geworden war, habe ich mich von Pornografie fern gehalten. Soweit ich mich erinnern kann, habe ich mir in den vergangenen 20 Jahren nur ein einziges Bild einer nackten Frau angeschaut.

Im Sommer 1988 übernachtete ich in einem Motel in Phoenix, Arizona. Es war heiß draußen und ich war niedergeschlagen. Während ich so von einem Fernsehsender zum anderen hin und her schaltete, tauchte in einem Kanal vor mir das Bild einer ziemlich unbekleideten Tänzerin auf. Wie an jenem Abend, an dem ich meine Nachbarin durch das Fenster beobachtet hatte, so war ich auch diesmal von der Frau regelrecht gefesselt. Ich wünschte, ich könnte sagen, dass das das letzte Mal auf dieser Reise war, dass ich mir solche Szenen angeschaut habe, aber das war es nicht.

Als ich nach Portland, Oregon, zurückkehrte, besprach ich den Vorfall mit den Männern in meiner Gruppe. Zu der Zeit versuchte ich, für mein Verhalten tiefere Gründe als den bloßen Anblick eines schönen, nackten weiblichen

Körpers zu finden. Als die anderen über ähnliche Erfahrungen sprachen, die sie gemacht hatten, wurde mir bewusst, dass wir alle wie verknallte Teenager klangen.

Wir mussten lachen, als wir über unsere erste große Liebe sprachen. Ich kann mich noch sehr gut daran erinnern. Es gibt da etwas an der ersten großen Liebe eines Mannes oder einer Frau, das sie einmalig und unvergessen macht. Der erste Kuss. Der erste Austausch von Zärtlichkeiten. Die Liebe erweckt Gefühle und ruft Emotionen hervor, die neu und gewaltig sind. Sie öffnet dem Mann eine ganz neue Welt.

Wahrscheinlich führt die erste große Liebe selten zu einer dauerhaften Beziehung; meine tat es jedenfalls nicht. Meine Freundin und ich trennten uns und einige Jahre später lernte ich Cindy kennen. Wir verliebten uns und wieder erlebte ich die Hochstimmung des Frischverliebtseins.

Mit der Zeit wuchs unsere Liebe. Vor kurzem feierten Cindy und ich unsere silberne Hochzeit. Wir können uns glücklich schätzen, denn wir lieben uns noch immer. Unsere Liebe ist heute reifer und echter als zur Zeit unseres Verliebtseins. Aber sie erzeugt selten die Gefühle, die mit dem Verknalltsein und Frischverliebtsein verbunden sind.

Viele Männer glauben irrtümlicherweise, dass sie überhaupt nicht mehr verliebt sind, nur weil sie nicht permanent die Gefühle erleben, die sie mit dem »Verknalltsein« verbinden. Sie meinen, sie seien gefühlskalt. Und so kann eine flirtende Mitarbeiterin oder ein erotisches Bild auf einem Computerbildschirm schlummernde und längst tot geglaubte Gefühle wecken.

Das Gesetz des abnehmenden Lustgewinns

Wenn ein Mann dann das erste Mal sexuell aktiv wird, folgt er sozusagen zum ersten Mal dem Gesetz des immer geringer werdenden Lustgewinnes. Er braucht immer stärkere Stimulationen, um dasselbe Maß an Vergnügen zu bekommen. Anfänglich erregt noch ein Kuss, aber bald schon erscheint dieser weniger erregend als das, was danach kommt – oder was der Mann hofft, was danach kommen wird.

Hat der Mann erst einmal eine Frau verführt, hat er gewissermaßen schon das Feld abgesteckt. Sie ist sein Besitz – zumindest für den Augenblick. Die Jagd oder vielmehr das Werben um sie ist vorbei.

Für viele Männer ist Sex nach der Heirat eine ziemlich langweilige Angelegenheit. Er ist ihnen zu banal und zu einfach – ohne Herausforderung. Es gibt kein neues Territorium mehr zu entdecken. Selbst in den besten Ehen mit dem aufregendsten Sexleben hat ein Mann hin und wieder mit solchen Gefühlen zu kämpfen. Und tief im Innern sehnt er sich nach dem Reiz und der Beschwingtheit des Frischverliebtseins.

Was ich da in Phoenix erlebt hatte, beflügelte mich derart, dass ich mich wieder wie frisch verliebt fühlte. Und wie ein verliebter Junge wollte ich mehr. Natürlich sah ich mich gleichzeitig einer großen Gefahr ausgesetzt. Um den gleichen Kick zu bekommen, musste ich einen Schritt weiter gehen. Ich konnte wieder dieses Verliebtsein als junger Mann empfinden, aber dafür musste ich mir noch eindeutigere Bilder anschauen. Und schließlich würde auch das langweilig werden. Der nächste Schritt wären ein Besuch in der Videothek, der Anruf bei einer Sex-Hotline oder die Anmache des nächsten hübschen Mädchens in einer Bar.

Glücklicherweise konnte ich dem Ganzen ein Ende setzen, bevor es weitere Kreise zog. Aber nicht jeder kann für sich diese Entscheidung treffen und so konsequent sein. Die Jagd nach dem Glück der jungen Liebe treibt den Mann dazu, noch mehr einschlägige und gefährliche sexuelle Erfahrungen machen zu wollen.

Wenn eine Frau mich fragt: »Warum zieht es meinen Mann zur Pornografie hin?«, frage ich zurück: »Erinnern

Sie sich noch daran, wie Sie als Teenager zum ersten Mal frisch verliebt waren? Erinnern Sie sich noch daran, wie schön es war, mit Ihrem Freund zusammen zu sein? Erinnern Sie sich noch daran, wie Sie immer mit ihm zusammen sein wollten?«

Viele Frauen lächeln mich dann an und bejahen das. Und ich erkläre ihnen dann: »Genauso empfindet Ihr Mann über die Pornografie. Es gibt ihm den Kick der jungen Liebe.«

»Ich bin ein schlechter, unwürdiger Mensch«

Dieser Gedanke liegt allem sexuell zwanghaften Verhalten zu Grunde. Es ist nicht erwiesen, ob er ein Suchtverhalten hervorruft oder daraus resultiert. Eines ist jedoch sicher: Wenn ein Mann lange genug seinen sexuellen Neigungen nachgegeben hat, fängt er an, sich für schlecht zu halten.

Männer, die über die Stränge schlagen und sich in unangemessene sexuelle Aktivitäten einlassen, finden im Grunde ihr Verhalten nicht gut. Aber wenn sie sich erst einmal von ihrem Wesen her als abgrundtief schlecht betrachten, fällt das entsprechende Tun leichter. Aus ihrer Sicht heraus steht ihr schlechtes Benehmen in Einklang mit ihrem schlechten Charakter.

Dieses Gefühl, nichts wert zu sein, entsteht oft schon in der Ursprungsfamilie des Mannes. Im Alten Testament warnt Gott die Israeliten wiederholt davor, dass er die Missetat der Väter an den Kindern heimsuchen wird (Lev 20,5; Num 14,18). Nirgends wird dies so deutlich wie im Bereich sexueller Zwanghaftigkeiten.

Viele Männer sind in Familien aufgewachsen, in denen Sex automatisch mit Schamgefühlen assoziiert wird. Männer, die sexuell von Bildern nackter Frauen abhängig sind, berichten mir oft davon, dass ihr Verhalten begonnen habe, als sie die pornografischen Zeitschriften lasen, die ihrem

Vater, Großvater, Onkel oder einem anderen Familienmitglied gehörten. Oft gehörte das heimliche Masturbieren dazu, was neue Schamgefühle hervorrief. Nicht nur die Anziehungskraft der Pornografie wird dann mit ins Erwachsenenleben mitgenommen, sondern auch die Scham.

Es gibt Männer, die als Kind sexuell missbraucht worden sind. Diese Männer haben für gewöhnlich ein tiefes Bewusstsein von Unmoral und Scham, das Verlassenheitsängste auslöst. Ein Grund, warum sie sich vor dem Verlassenwerden fürchten, liegt oft darin, dass die Eltern, die sie missbraucht haben, ihnen androhten, wegzugehen, wenn sie ihr Geheimnis preisgäben. Die beiden Wissenschaftler Eist und Mandel haben festgestellt, dass in Familien, in denen Inzucht herrschte,

> *massive Drohungen seitens der Eltern, ihr Kind zu verlassen, eine sehr häufig eingesetzte Technik des betreffenden Elternteils war, um die Kinder zu kontrollieren bzw. handlungsunfähig zu machen*«.[1]

Jungen, die sich vor dem Verlassenwerden fürchten, fühlen sich zumeist ungewollt. Sie verfallen leicht in das Denken: »Ich bin unerwünscht, also bin ich auch schlecht.«

»Niemand würde mich lieben, wenn er mich wirklich kennen würde«

Da viele Männer Vertrauen zu mir haben, erzählen sie mir häufig Dinge, für die sie sich schämen. Wenn ich mir eine schmerzliche Beichte angehört habe, stelle ich oft die Frage: »Haben Sie schon mal jemand anderem davon erzählt?«

Meist lautet die Antwort: »Nein.«

Wenn ich dann nach dem Grund frage, wird mir gesagt, sie hätten keine Freunde, denen sie sich anvertrauen könnten – ihrer eigenen Frau am allerwenigsten. Mit anderen Worten: Sie fürchten sich vor Zurückweisung. Sie können es sich einfach nicht vorstellen, dass überhaupt jemand so eine unanständige, unreine und perverse Person gern haben kann.

Und solche Gefühle führen dazu, dass viele Männer die Schlussfolgerung ziehen, dass

- wirklichen Menschen nicht getraut werden kann,
- wirkliche Menschen ihre Bedürfnisse nicht befriedigen können,
- wirkliche Menschen Zurückweisung und Schmerz verursachen.

Im Gegensatz zum Leiden, das durch wirkliche Menschen verursacht wird, steht das Vergnügen, das ihnen das Objekt ihrer sexuellen Begierde verschafft. Es lässt sie nie im Stich. Es versetzt sie immer in eine gute Stimmung. Es bringt ihnen immer Vergnügen. Es erzeugt immer die Illusion von Intimität.

»Mein größtes Bedürfnis ist Sex«

Manche Männer, die in Familien aufgewachsen sind, in denen Missbrauch stattfand, sehen in der Masturbation ein Mittel, sich selbst zu befriedigen. In einer Welt des Schmerzes haben sie etwas gefunden, das ihnen bessere Gefühle und Erleichterung verschaffte. Häufig spiegelte das zwanghafte Masturbieren den psychischen Schmerz wider, unter dem sie litten. Je größer dieser innere Schmerz war, desto stärker war ihr Drang zur Selbstbefriedigung.

Schon als Kind setzten sie das sexuelle Vergnügen mit Liebe, Wärme und Sicherheit gleich. Sobald sie als Erwachsene Schmerz empfanden, wandten sie sich sofort dem sexuellen Vergnügen zu, um mit ihrer Situation fertig zu werden und um sich selbst zu beweisen, dass sie eigentlich doch ganz in Ordnung waren.

Für solche Männer ist im Leben nichts wichtiger als Sex. Sie haben als Heranwachsende keine tiefe Beziehung zu ihren Eltern aufgebaut, sie haben dafür eine Beziehung zum sexuellen Vergnügen aufgebaut. Die Intimität in einer Beziehung ist für sie nicht so wichtig wie das sexuelle Vergnügen. Ja, es gibt eigentlich überhaupt nichts, das für sie so wichtig ist wie Sex.

Ein Ausweg aus der Falle

Es bleibt zu hoffen, dass Sie durch die Lektüre dieses Kapitels ein besseres Verständnis vom zwanghaften sexuellen Verhalten gewonnen haben sowie auch von dem irrigen Denken, das dahinter steht. Aber vielleicht fragen Sie sich ja auch, wie groß Ihr Problem tatsächlich ist, und Sie wollen wissen, wie Sie einen Ausweg finden können.

Im nächsten Kapitel wird es um die Tragweite dieses Problems gehen. Sie erfahren, wie Sie aus der Falle herauskommen und den ersten Schritt in die Freiheit tun können.

Denkanstöße

1. Welches sind die vier Stadien im Teufelskreis der Zwänge und der Sucht?
2. Was sind Rituale? Wie sehen diese bei Ihnen aus?
3. Welches sind die drei Dinge, die immer dann passieren, wenn sich der Teufelskreis der Sucht wiederholt?
4. Inwiefern geht es bei sexueller Unreinheit um das Gesetz des abnehmenden Lustgewinnes? Können Sie sich damit identifizieren?

5. Inwiefern schafft eine verbotene sexuelle Handlung die Illusion, frisch verliebt zu sein? Was muss ein Mann tun, um diese Illusion aufrechtzuerhalten?
6. Warum verfällt ein sexuell abhängiger Mann auf den irrigen Gedanken, dass andere ihn nicht lieben könnten, wenn sie ihn wirklich kennen würden?

Lesen Sie Psalm 32, und denken Sie darüber nach, wie Gott mit einem Mann umgeht, der seine Sünden bekennt (David hatte Ehebruch und einen Mord begangen.).

Teil II

Den Kampf zugeben

Kapitel 4

Aufgeben? – niemals!

Wenn es eine Lektion gibt, die heranwachsende Jungen lernen, dann ist es die, dass sie tapfer und stark sein müssen, dass sie »ein ganzer Kerl« sein müssen.

Heutzutage verkörpern die Leinwandhelden einen Idealtypus von Mann, der rau und hart sein muss. James Bond und John Wayne hätten nie aufgegeben, oder? Rocky gewinnt die schwierigsten Boxkämpfe, und wenn er sie einmal nicht gewinnt, dann übersteht er zumindest die Gefahr ohne großen Schaden. Kinohelden verlieren nie – und wir wollen es auch nicht.

Dieses innere Widerstreben von uns Männern, aufzugeben oder klein beizugeben, kommt uns natürlich in schwierigen Situationen zugute, wo Durchhaltevermögen und Durchsetzungsfähigkeit erforderlich ist. Es ist gut, wenn wir uns nicht unterkriegen lassen, wenn es in einer Beziehung kriselt. Aber wenn daraus ein zwanghaftes Verhalten wird, macht die Weigerung, in einer persönlich schwierigen Situation auch mal die Flinte ins Korn zu werfen, vielleicht alles nur noch schlimmer und fügt uns Schaden zu.

Natürlich werden sich die meisten von uns nicht geschlagen geben, bevor sie nicht genau wissen, dass der Kampf aussichtslos ist und eine Niederlage nahe bevorsteht. Vielleicht sind Sie ja noch nicht einmal davon überzeugt, dass Sie überhaupt ein Problem haben. Oder wenn

Sie es wissen, dann sind Sie sich vielleicht gar nicht darüber im Klaren, wie schwerwiegend es ist.

Woher weiß ich, dass ich ein ernstes Problem habe?

Dazu muss man verstehen, dass sich sexuelle Abhängigkeiten nicht von heute auf morgen einschleichen. Sie entwickeln sich über einen längeren Zeitraum. Aber wenn sie erst einmal Raum gewonnen haben, ist ein Mann kaum mehr in der Lage, dem Drang einer sexuellen Beziehung oder dem Druck, Erfahrungen machen zu wollen, die ihm Vergnügen und die Illusion von Intimität schenken, standzuhalten.

Ein sexuell abhängiger Mensch ist also durch folgende Merkmale gekennzeichnet:

1. Er ist gefangen und kann nicht nein sagen.
2. Das Objekt seiner Begierde schenkt ihm zwei Dinge: Vergnügen und die Illusion von Intimität.

Es ist jedoch nicht so, dass jeder, der mit sexuellen Zwängen zu kämpfen hat, auch zugleich abhängig ist. Einige Männer gehen eine gewisse Zeit lang falsch mit ihrer Sexualität um und wachsen dann über diese Phase wieder hinaus. Viele Männer, die in der Vergangenheit bedauernswerte sexuelle Erfahrungen gemacht haben, haben diese Phase hinter sich gelassen und Fortschritte auf dem richtigen Weg gemacht.

Aber nicht jedem geht es so. Manche Männer blocken ihren inneren Schmerz ab und versuchen, ihn mit diversen sexuellen Vergnügungen zu überspielen. Mit der Zeit müssen sie jedoch immer riskantere Formen von sexuellen Praktiken ausprobieren, um den Schmerz abzutöten. Schließlich dreht sich ihr Denken nur noch um Sex. Ihre

Leidenschaft hat die Kontrolle über ihr Leben übernommen.

Patrick Carnes nennt vier Fragen, die uns helfen können, herauszufinden, ob eine sexuelle Bindung vorliegt, und wenn ja, wie weit sie fortgeschritten ist.[1] Wenn Sie sich diese Fragen stellen, seien Sie absolut ehrlich zu sich selbst! Das ist äußerst wichtig. Der erste Schritt, ein Problem anzugehen, besteht darin, überhaupt zuzugeben, dass man eines hat.

Haben Sie Geheimnisse?

Tun Sie Dinge, die Sie anderen nicht erzählen würden? Glauben Sie, dass Ihre Familie oder Ihnen Nahestehende Sie zurückweisen oder Ihr Handeln missbilligen würden, wenn sie wüssten, was Sie tun? Greifen Sie zu Lügen, um Ihr Verhalten zu kaschieren? Wenn ja, dann isolieren Sie sich selbst von denen, die Sie lieben, und gehen eine Beziehung zu einem Objekt ein oder wollen gewisse Erfahrungen machen, die Sie möglicherweise in die Abhängigkeit führen.

Ist Ihr Verhalten verletzend?

Löst Ihr sexuelles Verhalten bei Ihnen oder bei anderen physischen oder psychischen Schmerz aus? Würdigen Sie andere damit herab oder nutzen Sie andere dabei aus? Missbrauchen Sie andere immer mehr? Haben Sie Vergnügen daran zuzusehen, wie andere in irgendeiner Art und Weise missbraucht werden?

Versuchen Sie, mit Ihrem Verhalten schmerzliche Gefühle abzutöten?

Wollen Sie mit Ihrem sexuellen Tun Ihre eigene Stimmung heben, anstatt Zuneigung zum Ausdruck zu bringen? Masturbieren Sie oder suchen Sie nach einem anderen sexuellen Ventil, wenn Sie deprimiert, gelangweilt oder wütend sind? Wenn Sie Ihr sexuelles Verhalten dazu benutzen, den inneren Schmerz zu überdecken, dann stehen Sie in der Gefahr, davon abhängig zu werden.

Zeigt Ihr Verhalten keine echte Hingabe und Fürsorge für den Partner?

Ersetzen Sie die echte Intimität, die man in einer gesunden Beziehung erfährt, durch die Illusion von Intimität, die Ihnen ein Objekt oder eine Erfahrung verschafft?

Wenn Sie auch nur eine der vier genannten Fragen mit Ja beantwortet haben, ist Ihr Sexualverhalten entweder zwanghaft oder bereits Suchtverhalten.

Stadien der Abhängigkeit

Diese vier Fragen helfen zwar zu bestimmen, ob wir ein Problem haben, sie sagen jedoch nichts darüber aus, wie gravierend das Problem ist. Um dies feststellen zu können, sollten wir uns mit den verschiedenen Stufen der Abhängigkeit vertraut machen.[2]

Die Vorstufe der Abhängigkeit

In der Phase der Vorstufe zur Abhängigkeit befinden sich Menschen, die sich durch unpersönliche Objekte wie Pornografie oder Erfahrungen zum Beispiel in Stripteaselokalen sexuell stimulieren.

Wenn Sie sich in diesem Stadium befinden, haben Sie Ihr Leben wahrscheinlich noch unter Kontrolle. Sie haben eine feste Arbeitsstelle und das Verhältnis zu Ihrer Frau oder Ihrer Freundin ist noch intakt. Sie stellen dabei aber fest, dass die Faszination von Pornografie, Stripteaseshows oder Telefonsex für Sie zwar noch nicht zwanghaft, aber gefährlich ist. Und Sie können dabei von dem Gefühl beunruhigt sein, dass die Lust, die in Ihnen schlummert, erwachen und jeden Moment die Kontrolle übernehmen könnte.

Stufe 1
Auf Stufe 1 hat die Lust des Mannes bereits begonnen, die Kontrolle auszuüben. Er ist zwanghaft in Dinge wie Masturbation, Pornografie, Homosexualität oder heterosexuelle Beziehungen verwickelt.

Wenn ein Mann diese erste Stufe erreicht hat, ist bereits etwas entscheidend anders geworden. Während er zuvor immer noch damit kämpfte, seine Lust unter Kontrolle zu halten, kennt sie jetzt keine Schranken mehr. In seinem Buch *The Addictive Personality* (»Die süchtige Persönlichkeit«) bemerkt Craig Nakken, dass der wichtigste Aspekt der in Stufe 1 auftretenden Süchte das In-Erscheinung-Treten der süchtigen Persönlichkeit ist. Die Lust des Mannes ist dabei wie ein wildes Tier von seinem Schlummerschlaf erwacht und droht nun, sein Leben in Beschlag zu nehmen.

Bei mir passierte das an jenem Abend, als ich durch das Fenster meiner Nachbarn schaute: Es erinnerte mich an den Zustand, als ich nach dem Genuss von Marihuana high wurde. Mir eröffnete sich eine ganz neue Welt und ich wollte auch wieder in diese Welt zurückkehren. Dieses erste Hochgefühl möchte man immer wieder erleben. Der Mann, der sich auf dieser ersten Stufe befindet, möchte diese Lust in ihrer ganzen Kraft auskosten. Die ursprüngliche Erfahrung ist so eindrücklich, dass er sie immer wiederholen möchte. Die Sucht ist geweckt worden und die unersättliche Bestie in uns möchte allmählich unser ganzes Leben beherrschen.

Stufe 2
Auf der zweiten Stufe hat ein Mann einen noch größeren und gefährlicheren Schritt unternommen. Nun verletzt er mit seinem Verhalten andere, indem er sie quasi zu seinen Opfern macht, und er würde auch nicht vor Gesetzesbruch zurückschrecken. Sein Handeln umfasst Prostitution, Exhibitionismus, Voyeurismus, obszöne Telefonanrufe und unsittliche Berührungen. Die meisten halten einen solchen Mann eher für ein öffentliches Ärgernis als für einen Kriminellen, aber dennoch verursacht sein Verhalten auch tiefe seelische Wunden bei seinen Opfern.

Exhibitionisten oder Voyeure verheimlichen ihr Verhalten oft jahrelang; meist führen sie ein Doppelleben und haben ständig Angst davor, entdeckt zu werden.

Auf diese Stufe können auch gute und »anständige Leute« sehr schnell gelangen. Es vergeht kaum eine Woche, in der wir nicht in der Zeitung über irgendeinen Politiker, Lehrer, Profi-Sportler oder Hollywoodstar lesen, der sich mit einer Prostituierten eingelassen oder Frauen sexuell belästigt hat.

Stufe 3
Wenn ein Mann Stufe 3 erreicht, zeichnet sich sein Verhalten durch schwere Verbrechen aus, bei dem dem Opfer schwerwiegender Schaden zugefügt wird. Vergewaltigung, Inzest und Kindesmissbrauch sind nur einige der Gewaltakte, die auf dieser Stufe vorkommen.

Die Stunde der Wahrheit

Nachdem Sie das alles gelesen haben, können Sie ganz klar sagen, ob Sie davon betroffen sind. Sie sollten auch ein Gefühl dafür entwickelt haben, wie weit Ihr zwanghaftes sexuelles Verhalten bereits vorangeschritten ist. Obwohl die meisten von uns sicher lieber der Wahrheit so lange wie möglich aus dem Weg gehen möchten, kommt doch irgendwann einmal die Stunde der Wahrheit. Es passiert irgendetwas, das Sie dazu zwingt, über sich und Ihr Verhalten nachzudenken und zuzugeben, dass Ihr Leben außer Kontrolle geraten ist.

- Rein zufällig bleibt ein Nacktfoto auf Ihrem Computerbildschirm stehen und einer Ihrer Kollegen berichtet Ihrem Chef davon.
- Eines Ihrer Kinder entdeckt, wo Sie Ihre einschlägigen Videos versteckt haben.
- Ein Polizist taucht an Ihrem Arbeitsplatz auf, weil ein Nachbar Sie als Voyeur identifiziert hat.
- Ihre Ehefrau verlässt Sie, weil Sie eine Beziehung zu einer anderen Frau haben.
- Sie erhalten einen Anruf von der Schule, weil Sie wegen unsittlicher Berührung eines Nachbarkindes angezeigt worden sind.

Am Ende seines Lebens war auch für Simson die Stunde der Wahrheit gekommen. Voller Leidenschaft für Delila schlief er in ihrem Schoß ein, während ein Philister ihm sein Haar abschnitt. Sobald die letzte Locke abgeschnitten war, fielen seine Feinde über ihn her. Weil er keine Verbindung zu Gott mehr hatte, hatte er auch keine Kraft mehr. Israels Held wurde zu einem glatzköpfigen Clown, über den sich die Philister lustig machten (Ri 16,25).

Simson war ein gefallener Mann. Er würde nie wieder eine andere Philisterin anschauen können. Dafür hatten seine Feinde gesorgt, indem sie ihm die Augen ausstachen (Ri 16,21).

Viele glauben, dass Simsons Geschichte tragisch endet. Ich bin mir da gar nicht so sicher. Obwohl er nun blind und in Gefangenschaft geraten war, fing sein Haar wieder an zu wachsen, und auch seine Beziehung zu Gott wuchs langsam wieder. Gott vergab Simson und gebrauchte ihn noch ein letztes Mal. Der Held von Juda brachte einen Tempel der Philister zum Einsturz und tötete dabei sich selbst und seine Feinde.

Simson durfte am eigenen Leib erfahren, was jeder Mann wissen muss: Gott gibt jedem eine zweite, ja sogar eine dritte oder vierte Chance. Er gibt uns niemals auf.

Aber um Gottes Güte und Gnade erfahren zu können, müssen wir zuerst unsere eigene Hilfsbedürftigkeit und Schwachheit erkennen. Wir müssen uns an Gott wenden und ihn um Hilfe bitten. Das ist gar nicht so einfach. Vielleicht erkennen Sie, dass Sie ein Problem haben, glauben aber immer noch, dass Sie es alleine bewältigen können. Wie ich zu Beginn des Kapitels bemerkt habe, fällt es Männern schwer, eine Niederlage einzugestehen und um Hilfe zu bitten.

Sie können Ihre sexuelle Lust nicht überlisten

Der Apostel Paulus hat dieses Dilemma ganz klar erkannt. Er schrieb in seinem Brief an die Römer: »Wollen habe ich wohl, aber das Gute vollbringen kann ich nicht. Denn das Gute, das ich will, das tue ich nicht; sondern das Böse, das ich nicht will, das tue ich« (Röm 7,18–19).

Ich will damit nicht sagen, dass Paulus mit zwanghaften sexuellen Verhaltensweisen zu kämpfen hatte, aber er kämpfte – genau wie wir alle – gegen die Sünde an. Und wie wir alle beschloss er, eine bestimmte Sünde nie wieder zu tun. Hatte er Erfolg? Ich denke, nicht. Wenn selbst der Apostel Paulus sein Fehlverhalten nicht überwinden konnte, wie können wir dann glauben, wir schaffen es?

Selbst in einer Gesellschaft, in der es nicht so von erotischen Bildern wimmelt wie in der unsrigen, haben Männer ihre sexuellen Begierden nicht im Griff. Vergangene Woche rief mich mein ältester Sohn aus Pakistan an. In diesem Land zeigen sich Männer und Frauen nie zusammen in der Öffentlichkeit. Die Frauen sind von Kopf bis Fuß verhüllt. Mein Sohn erzählte mir, dass er trotzdem jemanden kennen gelernt hätte, der ihm anbot, ihn einigen Prostituierten vorzustellen.

Wenn Männer in einem Land wie diesem schon nicht ihre Lust kontrollieren können, wie sollen wir es dann können? Vom frühen Morgen bis zum späten Abend werden wir mit erotischen Reizen und Botschaften nur so bombardiert.

Nehmen wir einmal an, Sie haben für sich beschlossen, einen ganzen Tag lang keiner anderen Frau hinterherzuschauen oder nicht an andere Frauen zu denken. Doch schon auf dem Weg zur Arbeit werden Ihre Augen angezogen von dem Model im Bikini, das Sie von der riesigen Reklametafel aus grüßt. Als Sie kurz danach an einer Kreuzung anhalten, gelingt es Ihnen nicht, Ihre Augen von einer gut gekleideten jungen Frau abzuwenden, die gerade über die Straße geht.

An der Arbeit prahlt ein Freund über die großartige »Puppe«, die er am Abend zuvor »abgeschleppt« hat. Als Sie das Mittagessen bestellen wollen, kommt die Bedienung im Minirock auf Sie zu und lächelt Sie an. Kaum ins Büro zurückgekehrt, brennt ein Mitarbeiter darauf, Ihnen sein »liebstes« Erotikbild im Internet zu zeigen.

Auf Ihrem Heimweg halten Sie schnell bei einem Lebensmittelgeschäft an und ertappen sich dabei, wie Sie auf die halbnackten Models starren, die die Titelseiten der Zeitschriften an der Ladentheke schmücken.

Wenn Sie schließlich zu Hause ankommen, lassen Sie sich in Ihren bequemen Sessel fallen und schalten den Fernseher ein. Was Sie dort auf den verschiedenen Sendern geboten bekommen, bietet Ihnen mehr im Bereich der weiblichen Anatomie, als ich je als Kind im *Playboy* gesehen habe.

Glauben Sie wirklich, Sie könnten bei dieser Fülle an erotischen Stimuli, die tagein, tagaus auf Sie eindringt, Ihren Sexdrive allein in den Griff bekommen? Ich erinnere mich noch gut daran, wie ein Freund mir einmal ganz stolz erzählte: »Das Thema ›Sex‹ wird für mich nie ein Problem sein.«

Ich schaute ihn groß an und meinte nur: »Du verblüffst mich aber vollkommen. Du willst doch nicht etwa sagen, dass du stärker als Simson, frommer als David und weiser als Salomo bist?!«

Ich werde seine Antwort nie vergessen. Er setzte sich, starrte mich lange wortlos an und meinte dann: »Von dieser Warte aus habe ich das noch nie betrachtet.«

Ich bin sicher, wenn Simson, David und Salomo heute hier wären, würden sie alle einmütig sagen: »Sie können Ihre Lust nicht alleine bezwingen.«

Sie können an Ihrer Lust nichts ändern

Vielleicht denken Sie jetzt, dass Sie zwar Ihre Lust nicht besiegen können, aber Sie meinen, dass Sie sich selbst zum Guten hin verändern könnten.

Ich spreche hin und wieder mit jungen Christen, die glauben, dass mit der Umkehr zu Christus auch ihr Lustproblem schlagartig gelöst ist. Sie glauben scheinbar, Jesus würde so eine Art Zauberstab über ihnen schwingen und – Hokuspokus Fidibus – ihre sündige Natur verwandeln, und damit wäre ihre Lust augenblicklich verschwunden.

Wenn sie dann entdecken, dass ihre Probleme mit ihrer Sexualität scheinbar sogar noch schlimmer als zuvor sind, beschließen sie, mehr in der Bibel zu lesen und mehr zu beten. Zu ihrer großen Verwunderung scheint auch das ihr Problem nicht zu lösen.

Hören Sie, was Paulus dazu zu sagen hat. In seinem Brief an die Römer, Kapitel 7, Vers 10 schreibt er: »So hat uns Gottes Gebot, das den Weg zum Leben zeigen sollte, letztlich dem Tod ausgeliefert« (»Hoffnung für alle«-Bibel).

Wie wir schon in Kapitel 2 gesehen haben, sind unsere sexuellen Begierden so machtvoll und negativ, dass sie sogar durch Gottes gute Gebote noch gereizt werden. Wie ein Stab, der den Dreck, der sich auf dem Boden eines Kruges Wasser angesammelt hat, aufwirbelt, so können die Gebote Gottes unsere Lust erst so richtig in Fahrt bringen. Verbotene Dinge sind bekanntlich ansprechender und aufregender. Frauen, die tabu sind, üben eine größere Faszination aus als andere. Wenn Gott »nein« sagt, sagt unsere Lust »ja«, und wenn Gott »ja« sagt, sagt unsere Lust »nein«.

Wenn wir versuchen wollten, unseren sexuellen Appetit zu zügeln, so wäre das etwa genauso, als wollten wir einen Hund in einen Menschen verwandeln. 13 Jahre lang hat unser gelbbrauner Cockerspaniel namens Pumpkin (»Kürbis«) unsere Familie in Schwung gehalten. In diesen Jahren brachte ich Pumpkin alle möglichen Tricks bei. Der Hund gehorchte den gängigen Befehlen wie »Sitz!« und »Hinlegen«. Ich brachte ihm sogar bei, durch einen Reifen zu springen, die Tür zu schließen, sich auf die Hinterbeine zu stellen und sich tot zu stellen, wenn ich mit einem imaginären Gewehr auf ihn schoss.

Doch trotz meiner intensiven Bemühungen konnte ich Pumpkin nicht davon abbringen, sich wie ein Hund zu benehmen. Er verhielt sich immer ganz seiner Art gemäß. Er aß Hundefutter. Er schnüffelte an Orten, an denen nur Hunde schnüffeln. Er erledigte seine Geschäfte in aller

Öffentlichkeit. Egal, wie gut ich Pumpkin erzogen hatte, er war und blieb immer noch ein Hund.

Ähnlich geht es uns auch mit dem Hang zur Sünde. Er ist nicht automatisch verschwunden, sobald wir eine Kirche betreten. Er ändert sich auch nicht, wenn wir zum Glauben an Christus finden. Wir können in die Kirche gehen, die Bibel lesen, jeden Tag beten und uns sogar in einem bestimmten Dienst einsetzen, ohne unsere sündhafte Natur abzulegen. Paulus sagte dazu: »Denn ich weiß, daß in mir, das heißt in meinem Fleisch, nichts Gutes wohnt« (Röm 7,18).

Wenn wir unter die Herrschaft unseres Fleisches, d. h. unserer sündhaften Natur, geraten, sind wir fähig, Böses zu tun, egal, ob wir nun Christen sind oder nicht. Wenn wir von unseren Begierden kontrolliert werden, können wir genauso wenig etwas Gutes tun, wie ein Hund sprechen kann.

Und doch denken manche Männer, sie könnten ihre sexuellen Begierden im Zaum halten, wenn sie nur richtig damit umgehen. Sie verleugnen einfach die böse Macht, die in ihnen steckt.

Sie können zwar als Christ wachsen, ihrer geistlichen Natur nach Christus ähnlicher werden, aber im Fleisch, in der sündhaften Natur, sind sie nicht viel besser als an dem Tag, als sie begonnen haben, ihr Vertrauen auf Christus zu setzen. Und weil ihre Lust von der Sünde bestimmt ist, können sie sie nicht grundsätzlich verändern.

Sie können Ihre Lust nicht »aushungern«

Ich habe gewisse Probleme mit Rehabilitationsprogrammen. Zum einen liegt ihr Hauptaugenmerk auf der Abstinenz. Sie gehen davon aus, dass der Schlüssel, eine Sucht zu besiegen, darin liegt, mit dem entsprechenden Verhalten zu brechen. Bitte verstehen Sie mich nicht falsch: Wir können keine Sucht kontrollieren, wenn wir nicht damit aufhören, sie auszuleben. Aber wenn das schon alles ist, was wir tun, dann wird die Sache nicht klappen. Wir verlagern die Sucht dann nur. Zum Beispiel verlagert sich dann unsere Sucht vom Sex zum Alkohol. Und wenn wir aufhören zu trinken, beginnt der Kaufrausch oder die Arbeits- oder Spielsucht.

Es ist nicht möglich, unsere sexuelle Lust »auszuhungern«. Wir werden mit dieser Sünde noch bis zu dem Tag zu kämpfen haben, an dem wir bei Gott sein werden. Vor ein paar Jahren habe ich ein Gedicht gelesen, das Kampf und Niederlage beim Versuch beschreibt, alleine gegen die Lust anzukämpfen. Ich weiß zwar nicht, wer es geschrieben hat, aber der Titel lautet: »Der Yipiyuk«.

In den Sümpfen – vor langer Zeit –,
Wo die Gräser und Erdklumpen gedeihn,
biss ein Yipiyuk in meinen Zeh.
Warum nur? Das weiß ich nicht mehr.
Ich schlug und schrie und brüllte: »O weh!«
Der Yipiyuk ließ nicht los.
Ich sprach ganz sanft und leise zu ihm.
Der Yipiyuk ließ nicht los.
Ja, das ist schon 16 Jahre her.
Und der Yipiyuk lässt immer noch nicht los.
Ob es schneit oder der Wind weht,
der Yipiyuk lässt nicht los.
Ich schlepp ihn überall mit mir herum.
Drum, mein Kind, weißt du endlich,
warum ich so langsam geh.

Wie der Yipiyuk sich weigert loszulassen, so weigert sich auch unsere sündhafte Natur, uns gehen zu lassen. Eine Zeit lang kann man das zwar ignorieren. Dann sagen Sie vielleicht, dass Ihre Sünde Ihnen nichts anhaben kann. Aber wenn Sie die Macht der Sünde wirklich brechen wollen, müssen Sie zuerst erkennen, dass sie da ist, und zugeben, dass Sie nicht die Macht besitzen, sie zu vertreiben.

Es bleibt zu hoffen, dass Sie es schließlich müde werden, einen vergeblichen Kampf zu kämpfen. Bei Paulus war das so. In seiner Verzweiflung rief er aus: »Ich elender Mensch! Wer wird mich erlösen von diesem todverfallenen Leibe?« (Röm 7,24).

Wenn ein so geistlicher Mann wie Paulus erkennen musste, dass er auf verlorenem Posten stand, dann ist es wohl auch für uns an der Zeit, das Gleiche zu tun. Ich weiß, es fällt nicht leicht aufzugeben, aber es ist der einzige Weg, den wir einschlagen müssen, wenn wir langfristig frei sein wollen.

Im folgenden Kapitel werde ich darüber nachdenken, wie dieser erste Schritt in die Freiheit zu tun ist.

Denkanstöße

1. Was sind die Charakteristika eines Menschen, der von etwas abhängig ist? Was findet ein Mann an dem Objekt seiner Begierde so anziehend?
2. Welche vier Punkte lassen darauf schließen, dass ein Mann abhängig und gebunden ist? Was können Sie für sich selbst lernen, wenn Sie sich die Anzeichen nochmals genau anschauen?
3. Was sind die verschiedenen Stufen der Abhängigkeit? Wo würden Sie sich einordnen? Warum?
4. Warum können Sie Ihre sexuelle Lust nicht überwinden oder verändern?
5. Worin liegt der Vorteil, wenn man erkennt, dass man seine sexuelle Lust nicht besiegen kann, egal, wie sehr man es auch versucht? Sind Sie schon an diesem Punkt angelangt? Wenn nicht, warum nicht? Wenn doch, warum?

Kapitel 5

Bringen Sie es ans Licht!

Wir haben alle schon peinliche Situationen erlebt. Einer der beschämendsten Momente für mich war, als ich vor einer großen Gruppe von Highschool-Schülern in Kalifornien einen Vortrag hielt. Während meiner Rede lachten die Schüler immer wieder an ganz unpassenden Stellen. Da ich in meine Vorträge immer viele Witze einstreue, dachte ich anfangs, dass ihr Gelächter auf eine meiner humorvollen Geschichten zurückzuführen sei. Aber als das Lachen immer noch nicht aufhören wollte, hatte ich den Verdacht, dass mein Hosenschlitz offen war. Ich versuchte daher, unauffällig nach meinem Reißverschluss zu sehen, was nicht klappte. So hielt ich einfach meine Bibel vor besagte Stelle und dachte, das würde meine Zuhörer schon vom Hinsehen abbringen.

Als ich meine Rede beendet hatte, musste ich erstaunt feststellen, dass der Reißverschluss meiner Hose gar nicht offen war. Einige Studenten versammelten sich um mich und begannen, mir Fragen zu stellen. Doch bevor ich ihnen antwortete, stellte ich ihnen die Frage, die mir auf den Nägeln brannte: »Warum habt ihr denn alle die ganze Zeit über bei meinem Vortrag gelacht?«

»Oh!«, meinte eines der Mädchen kichernd, »Sie haben so einen starken texanischen Akzent.«

Ungute Scham

Wir haben auch alle schon miterlebt, wie Menschen Dinge passiert sind, die ihnen furchtbar peinlich waren: Sie stolperten, kleckerten sich voll oder vergaßen den Namen ihres Gesprächspartners. Die Scham, die mit solch einer Verlegenheit einhergeht, ist heilsam. Sie erinnert uns daran, dass wir nur Menschen sind, und bewahrt uns davor, uns selbst zu ernst und wichtig zu nehmen. Aber es gibt noch eine andere Art der Scham, die eher schädliche Wirkungen hat. Wie radioaktiver Abfall zerstört sie den Behälter, in dem er sich befindet. Der Autor John Bradshaw schreibt in seinem Buch »Wenn Scham krank macht« von dieser Art der schädlichen Scham.

Sie hat mit unserem Wesen als Mann zu tun. Sie gründet sich auf die Annahme, dass wir vor Gott und vor uns selbst versagt haben. Diese Scham unterscheidet sich von der Schuld. Bei der Schuld geht es um eine bestimmte Verhaltensweise, um etwas, das wir getan haben. Schuld ist ein schmerzliches Gefühl, das sich auf unser Handeln richtet. Scham dagegen ist ein schmerzliches Gefühl, bei dem es um unsere Persönlichkeit geht. Bei der Scham ist unser innerstes Sein getroffen, unser Wesenskern. Ein von Scham erfüllter Mann verachtet sich selbst. Er glaubt, dass man ihm nicht trauen kann. Er hat nicht nur Angst davor, sich anderen anzuvertrauen, sondern wehrt sich auch dagegen, in sich selbst hineinzuschauen aus Furcht vor dem, was er dabei entdecken könnte.[1] Durch Scham gebundene Männer sind sich selbst, anderen und Gott fremd.

Weil Scham zur Entfremdung und zum Schmerz führt, lassen sich viele von Scham getriebene Männer sehr schnell mit einem Sexobjekt oder auf bestimmte sexuelle Erfahrungen ein, mit dem sie ihren Schmerz durch Vergnügen betäuben und die ihnen eine Illusion von Intimität vermitteln. Das Problem dabei ist nur, dass jeder verstohlene Blick in ein Pornomagazin, jeder Besuch in der Erotikecke einer Videothek, jeder One-Night-Stand und jede außereheliche Affäre ein nur noch größeres Minderwertigkeitsgefühl erzeugt. Diese sich steigernde Scham und der Schmerz verstärken wiederum das Bedürfnis, das sexuelle Verlangen zu stillen, um den Schmerz abzutöten und das Gefühl des Alleinseins durch eine falsche Intimität zu ersetzen.

Als ich Anfang 20 war, rauchte ich Marihuana und flirtete mit Mädchen, um den Schmerz des Alleinseins und der Verletztheit infolge der Scham zu betäuben. Der Haken daran war nur: Je mehr Drogen ich nahm und je mehr Sex ich hatte, desto beschämter fühlte ich mich. Und so musste ich immer mehr Aufputschmittel nehmen und immer mehr Sex haben, um mich wohl in meiner Haut zu fühlen.

Als ich mich dann Jesus zuwandte und Christ wurde, änderte sich mein Lebensstil. Meine Schamgefühle hingegen verschwanden nicht einfach so. Ich kann mich daran erinnern, dass ich auch nach meiner Hochzeit jahrelang keine Kinder haben wollte, weil ich die Befürchtung hegte, dass sie später einmal so wie ich sein würden. Ich war ein Mensch mit vielen Fehlern, und obwohl ich diese auf sexuellem Gebiet nicht auslebte, war ich der Meinung, dass meine sexuellen Begierden irgendwann wieder die Oberhand gewinnen würden.

Blicken Sie Ihrer Scham ins Auge!

Niemand beschäftigt sich gerne mit seinen Schamgefühlen. Oder würden Sie freiwillig in die Höhle klettern und den schlafenden Bären aufwecken? Wir können bestenfalls hoffen, mit dem Schrecken davonzukommen. Aber wenn wir wirklich den Bären zu fassen bekämen, könnte die Sache noch schlimmer für uns ausgehen. Der Bär könnte uns in Stücke zerreißen. Die meisten Männer fühlen sich schlecht gerüstet, um es mit solch einer Bestie aufzunehmen. Deshalb machen sie einen Bogen um die Höhle und den Bären. Schließlich ist es die Angst, die uns davon abhält, der Wahrheit über uns selbst ins Auge zu blicken.

So ist es jedenfalls Adam und Eva ergangen. Vor dem Sündenfall »waren beide nackt, [...] und schämten sich nicht« (Gen 2,25). Was für eine Aussage! Es gab nichts, vor dem sie sich verstecken, nichts, was sie voreinander verbergen mussten. Adam und Eva erlebten die hundertprozentige Intimität mit Gott und miteinander.

Dann kam die Sünde ins Spiel. Das Fehlverhalten der ersten Menschen führte nicht nur dazu, dass sie unter ihrer Schuld litten, sondern auch dass sie, ebenfalls geistlich gesehen, verletzt waren. Ihr innerer Mensch war nicht mehr unbefleckt. In ihrem innersten Wesen waren sie jetzt sündig.

Wie reagierten sie darauf? Zunächst bekamen sie es mit der Angst zu tun: der Angst, Gott könnte ihre Sünde entdecken, der Angst, dass sie abgelehnt und verstoßen würden. Als Nächstes versteckten sie sich voreinander und vor Gott. Als sie schließlich mit ihrer Schuld konfrontiert wurden, lehnten sie ihre Verantwortung ab und schoben die Schuld auf jemand anderen. Adam gab Eva die Schuld und Eva gab der Schlange die Schuld.

Wie Adam und Eva versuchen auch wir alle fieberhaft, unsere Scham zu verstecken. Wir versuchen, etwas oder jemand anderen zu finden, dem wir die Schuld für das in die Schuhe schieben können, was wir sind und was wir getan haben. Solange es uns gelingt, unsere Scham zu verbergen, bleiben wir ihr Sklave.

Zum Glück erlaubte Gott es Adam und Eva nicht, in ihrem Versteck zu bleiben. Er scheuchte sie hervor und brachte ihre Scham und ihre Schuld ans Licht. Er deckte das auf, was sie so verkrampft zu verstecken versucht hatten. Erst dann und wirklich erst dann gelangten sie zu einer echten engen Verbindung zu ihm und zueinander.

Der verborgene Kampf

Natürlich wissen wir heute, was Adam und Eva noch nicht wissen konnten, nämlich dass sie die Schlüsselfiguren in einem Kampf zwischen Gut und Böse waren, einem Kampf zwischen Gott und Satan. Die einzige Frage, die dabei zählte, war die: Wer würde die Herrschaft über ihre Seelen gewinnen?

Satan benutzt die Angst vor der Zurückweisung und dem Verlassenwerden dazu, uns davon abzuhalten, unsere Sünde ans Licht zu bringen. Er schürt unsere Schamgefühle, damit wir uns zu unwürdig und ungeliebt vorkommen und versuchen, anderen ja keinen Einblick in unser Innerstes zu geben. Sünde und Scham oder vielmehr unser Versuch, unsere Schuld zu verbergen, gewinnen dann die Oberhand über unsere Liebesbeziehung zu Gott und zu anderen Menschen.

Es ist schlimm genug, dass wir uns für das schämen müssen, was wir getan haben, aber das ist noch nicht das Schlimmste. Denn unsere zwanghafte Unmoral ist im Grunde eine Form von Idolatrie, von Götzendienst. Wenn ich Gespräche mit Männern führe, versuche ich immer, ihnen diese bittere Wahrheit vor Augen zu führen. Wir neigen zu der Annahme, dass ein Idol so etwas ist wie ein Götzenbild, ein goldenes Kalb quasi in Form eines Mannes, einer Frau oder eines Tieres. Aber Götzendienst bedeutet, dass wir allen möglichen anderen Personen oder Dingen zutrauen, unsere tiefsten Nöte zu befriedigen – nur nicht Gott selbst. Paulus jedoch schreibt, dass hinter jedem Götzen ein böser Geist steckt (1 Kor 10,18–20). Und wenn wir uns einem Objekt der sexuellen Lust hingeben, nehmen wir den bösen Geist, der hinter diesem Objekt steckt, in Kauf.

Ergreifen Sie die Gnade Gottes!

Wenn wir unsere Scham nicht ans Licht bringen wollen, setzen wir etwas Wertvolles aufs Spiel. Jona sagt: »Wer sein Heil bei anderen Göttern sucht, die ja doch nicht helfen können, verspielt die Gnade, die er bei dir finden kann« (Jona 2,9, »Hoffnung für alle«-Bibel).

Ich kenne Ihre persönliche Situation nicht, aber ich möchte die Gnade Gottes auf keinen Fall verpassen. Ich möchte nicht wie das Kind sein, das seine Hand in eine teure Vase streckte. Als es sie nicht mehr herausbekam, rannte es schreiend zu seiner Mutter. Diese ließ nichts unversucht. Sie nahm flüssige Seife und zerrte ganz fest an ihm, um seine Hand freizubekommen. Nichts half. Als der Vater des Jungen dann nach Hause kam, zerschlug er das unbezahlbare Erbstück mit einem Hammer. Als die Vase in alle Einzelteile zerfiel, stand der Junge mit geballter Faust da.

Die Mutter war schockiert und fragte ihn: »Warum hast du deine Hand nicht einfach geöffnet? Dann hätten wir sie aus der Vase sofort herausbekommen!«

Der Junge öffnete seine zur Faust geballten Finger und zum Vorschein kam eine Silbermünze. Er schaute sie an und mit Tränen auf den Wangen sagte er: »Ich hatte einfach Angst, mein Geldstück fallen zu lassen.«

Wie dieser Junge opfern auch wir die Vase bzw. Gottes Gnade, wenn wir an einem Objekt unserer Lust krampfhaft festhalten.

Aber Sie müssen nicht auf Gottes Gnade verzichten. Sie können den Götzen loslassen, an den Sie sich klammern, indem Sie Ihre Scham ans Licht bringen.

Hören Sie mit dem Versteckspiel auf!

Unsere Scham ans Licht zu bringen, heißt, dass wir aufhören müssen, der Wahrheit über uns selbst aus dem Weg zu gehen. Als Kind habe ich gerne Völkerball gespielt. Ich war schnell und flink und konnte mich vor fast jedem Ball in Deckung bringen. Wenn ich dem Ball nicht ausweichen konnte, fing ich ihn und warf ihn dem Gegner zurück, und so war er aus dem Spiel.

Ich glaube, die meisten Männer beherrschen dieses geistliche Abwehrspiel perfekt. Wir sind Meister darin geworden, uns vor der Verantwortung zu drücken und sie jemandem anderen oder etwas anderem zuzuspielen. Indem wir die Verantwortung abschieben, hoffen wir, das Leiden zu umgehen, das uns trifft, wenn wir unserem sündigen Wesen ins Auge blicken und es annehmen.

In seinem Buch *People of the Lie* (»Die Lügner«) beschreibt M. Scott Peck Menschen, die ernsthaft darum bemüht sind, den Anschein moralischer Unbescholtenheit aufrechtzuerhalten. Diese Leute sind sich ihrer eigenen Boshaftigkeit bewusst, versuchen aber unentwegt, diese Tatsache zu verdrängen. Der Autor definiert dabei einen bösen Menschen als jemanden, der »beständig damit beschäftigt ist, das offensichtlich Böse an sich selbst unter den Teppich seines eigenen Bewusstseins zu kehren«.[2]

Da aber böse Menschen ihrem bösen Tun aus dem Weg gehen oder es kaschieren wollen, sind sie bedauerlicherweise oft in kirchlicher Arbeit engagiert.[3] Indem sie sich in den Deckmantel religiöser Aktivitäten kleiden, können sie die wahre Natur ihrer Seele vor sich selbst und anderen verbergen.

Ich habe bereits von dem Schock berichtet, den ich bekam, als ich entdecken musste, dass zwei unserer Gemeindeleiter ihre Nachbarin durchs Fenster beobachtet hatten. Sie hatten erfolgreich Kleingruppen geleitet und waren im Vorstand der Kirche tätig, ohne dass irgendjemand etwas von ihren Aktivitäten geahnt hätte. Manche Männer führen über Jahrzehnte hinweg ein Doppelleben.

Blicken Sie Ihren schmutzigen Geheimnissen ins Auge!

Natürlich sind wir als Sünder alle vom Bösen gezeichnet; wir sind grundsätzlich alle zu allen schlimmen Taten fähig. Die Frage ist nur: Wie gehen wir damit um? Und was unternehmen wir dagegen? Versuchen wir, weiterhin der Wahrheit auszuweichen? Oder bleiben wir ruhig und sehen ihr gelassen ins Auge? Wenn wir uns der Wahrheit stellen, müssen wir auch den schrecklichen Geheimnissen über uns und unsere Familie ins Auge blicken:

- sexueller Missbrauch,
- Alkoholismus und Familienstreitigkeiten,
- andere Suchtverhalten und die schlimmen Folgen, die daraus resultieren,
- eigene Unvollkommenheiten und Schwächen, die wir verbergen,
- eigenes sexuelles Fehlverhalten.

Diese Geheimnisse sind der Grund für unsere Scham. Deshalb können wir nicht glauben, dass uns jemand auch dann noch wirklich lieben könnte, wenn er uns ganz genau kennen würde. Diese Geheimnisse sind es auch, warum wir bei anderen – auch bei den engsten Freunden und Verwandten – auf Distanz gehen.

Übernehmen Sie die Verantwortung!

Wir sollten uns darüber im Klaren sein, dass wir diese Geheimnisse nicht als Ausreden anführen können, denn sie rechtfertigen unser Verhalten nicht. Sie sind nur die schmerzliche Wahrheit über unsere Vergangenheit und unsere Gegenwart. Sie sind eine der Ursachen dafür, dass wir uns schämen. Wir müssen uns nicht nur diesen Geheimnissen stellen, wir müssen auch herausfinden, wie und wann wir andere für unsere Probleme zum Sündenbock gemacht haben. Wir müssen erkennen, dass wir:

- weder unsere Erziehung noch unsere Eltern oder unsere Umwelt für unsere jetzige Situation verantwortlich machen können,
- nicht unseren Ehefrauen die Schuld für unser destruktives sexuelles Verhalten in die Schuhe schieben können,
- nicht geschickten Werbemachern, Prostituierten oder Striptease-Tänzerinnen für unser Verhalten beschuldigen können.

Wir sind selbst dafür verantwortlich. Das ist die simple, aber schmerzliche Wahrheit.

Drei Listen

Ziehen Sie sich bitte an einen ruhigen, abgeschiedenen Ort zurück und nehmen sich einen Moment Zeit dafür, drei Listen anzulegen. Auf die erste Liste schreiben Sie all Ihre beschämenden und peinlichen Geheimnisse, die Ihnen in den Sinn kommen. Auf der zweiten notieren Sie jede Ausrede, jeden Grund zur Rechtfertigung und jede rationale Erklärungsmöglichkeit für Ihr Verhalten. Auf der dritten Liste vermerken Sie die Namen der Leute, die Sie für Ihre jetzige Situation verantwortlich gemacht haben.

Das Anfertigen dieser drei Listen ist ganz entscheidend. Dadurch können Sie sich jene Erinnerungen, die Sie verdrängt haben und die Ihre Scham verstärken, ins Bewusstsein rufen. Sie werden fähig, damit aufzuhören, weiterhin die Umstände oder andere Menschen für Ihre Probleme verantwortlich zu machen. Wenn Sie die Listen erstellt haben, können Sie mit dem nächsten Schritt fortfahren.

Sprechen Sie mit Gott über Ihre Vergangenheit!

Bislang haben Sie sich nur auf Ihre Situation konzentriert. Nun ist es an der Zeit, dass Sie sich damit auch jemandem anderen öffnen. Es ist immer ermutigend, zunächst damit zu Gott zu gehen. Er weiß ja genau, was Sie getan haben, und er kennt Ihre Schamgefühle.

Es gibt kein besseres Beispiel dafür, was Sie machen müssen, als die Geschichte des verlorenen Sohnes (Lk 15,11–32). Wenn jemand Grund dazu hatte, sich vor der Zurückweisung und dem Verlassenwerden zu fürchten, dann war er es. Weil er anfangs seine Wünsche ausleben wollte, verlangte er von seinem Vater vorzeitig seinen Erbteil. Damit drückte der Sohn indirekt den Wunsch aus, sein Vater wäre tot. Er signalisierte seinem Vater, dass er sein Geld mehr schätzte als ihn selbst.

Mit den Taschen voller Geld verschwand er und schaute auch nicht mehr zurück. Warum sollte er auch? In dem »fernen Land« hatte er viele Freunde, schöne Frauen und viel Wein. Alle seine Wunschträume wurden Realität.

Doch dann ging ihm das Geld aus. Da er kein Geld mehr hatte, um seine Freunde zu unterhalten, verließen sie ihn. Schließlich kam es so weit, dass er die Schweine hüten musste. Es ging ihm so dreckig, dass er sich danach sehnte, die »Schoten, die die Säue fraßen«, zu essen.

Der verlorene Sohn war schließlich ganz unten. Und an diesem Punkt angelangt, kam er zur Besinnung. Voller Scham beschloss er, nach Hause zurückzukehren. Unterwegs legte er sich immer wieder die Worte zurecht, die er zu seinem Vater sagen wollte. In Gedanken ging er jede Sünde durch, die er gegen seinen Vater begangen hatte.

Vielleicht war er am gleichen Punkt, an dem Sie heute stehen. Er war sich keineswegs sicher, wie sein Vater reagieren würde. Doch was er dann erlebte, können Sie auch mit Gott erleben.

Der himmlische Vater liebt Sie

Die frommen Juden zur Zeit Jesu glaubten, dass Gott den Sünder hasst. Deshalb verachteten sie auch Jesus, der seine Zeit mit Prostituierten, unehrlichen Geschäftemachern und verlogenen Politikern verbrachten. Aber Jesus und sein Vater liebten diese Sünder.

Gleichgültig, in welchen Schwierigkeiten Sie sich gerade befinden, Sie sind keinesfalls so schlecht, dass Gott Sie nicht lieben würde. Er wartet geradezu darauf, dass Sie zu ihm kommen. Der Vater des verlorenen Sohnes rannte die Straße entlang seinem Kind entgegen, um es freudestrahlend zu begrüßen. Er umarmte und küsste seinen ungeratenen Sohn.

Jesus wollte mit diesem Gleichnis aufzeigen, was Gott von ganz normalen Menschen wie Ihnen und mir hält, von Menschen, die ihm den Rücken gekehrt und dumme bzw. sündige Dinge getan haben, für die sie sich schämen und von denen sie sich später distanzieren.

Der himmlische Vater akzeptiert Sie

Für mich ist es immer sehr beeindruckend zu lesen, dass der Vater seinen Sohn umarmte und küsste. Er tat sogar noch mehr als das. Er gab dem verlorenen Sohn seine Position innerhalb der Familie wieder zurück – eine Stellung, die mit Ehre und Einfluss verbunden war.

Viele Männer fürchten neben der Zurückweisung und dem Verlassenwerden vor allem die Nutzlosigkeit. Wir haben Angst, dass wir vielleicht Dinge getan haben, die unser Leben sinnlos und nichtig machen. Wir fragen uns, wie Gott wohl jemanden gebrauchen kann, der das getan hat, was wir getan haben.

Neulich las ich den Bericht über den Verrat von Petrus an Jesus. Dieser hatte schon vorausgesagt, dass Petrus es dreimal abstreiten würde, ihn zu kennen. Und doch sagt Jesus zu Petrus: »Ich aber habe für dich gebeten, daß dein Glaube nicht aufhöre. Und wenn du dereinst dich bekehrst, so stärke deine Brüder« (Lk 22,32). Ist das nicht umwerfend?! Jesus wusste, was Petrus tun würde, und doch sprach er davon, dass er ihn später noch gebrauchen würde.

Der Vater gab dem verlorenen Sohn neue Kleider zum Anziehen, einen Ring und Sandalen als Ausdruck dafür, dass er ihn ganz und ohne Vorbehalte akzeptierte. Der Sohn sollte mit der Würde und dem Respekt eines Sohnes ausgestattet sein und die Arbeit eines Sohnes tun.

Dasselbe gilt auch für Sie. Egal, was Sie auch getan haben, Gott liebt Sie trotzdem. Der himmlische Vater hat eine Aufgabe für Sie.

Der himmlische Vater feiert, wenn Sie zu ihm kommen

Und nachdem der Sohn nach Hause gekommen war, fand eine Party statt! Der Vater bereitete ein Bankett vor, engagierte eine Band und lud alle ein, die er kannte, denn er war überglücklich, dass sein Sohn zu ihm heimgekehrt war.

Immer wieder frage ich mich aber auch, wie diese Geschichte wohl ausgegangen wäre, wenn der Junge nie nach Hause zurückgekommen wäre, weil er der Meinung war, dass sein Vater ihn endgültig verstoßen hätte. Das wäre tragisch gewesen. Und wie tragisch wäre es für Sie, wenn Sie auch den gleichen Fehler machen würden!

In dem Moment, in dem Sie Ihre Fragen und Probleme, die Sie aufgelistet haben, vor Gott bringen, bereitet er eine Feier im Himmel vor, von der man nur träumen kann. Nichts bereitet Gott mehr Vergnügen als in Beziehung zu Ihnen zu treten. Und nichts macht ihm mehr Freude, als wenn Sie Ihre Scham ans Licht, in seine Gegenwart bringen, damit er Ihnen vergeben, Sie reinigen und für Ihren künftigen Dienst vorbereiten kann.

Akzeptieren Sie sich selbst so, wie Gott es tut!

Natürlich findet das Heilwerden von Schamgefühlen nicht von heute auf morgen statt. Sie werden nach wie vor mit der Angst vor der Zurückweisung und dem Verlassenwerden zu kämpfen haben. Es besteht auch die Gefahr, dass Sie wieder in die alten Verhaltensmuster zurückfallen und sich selbst verdammen. Vielleicht sagen Sie sich: »Das hat ja alles keinen Zweck. Ich bin einfach schon zu weit gegangen. Für mich gibt es kein Zurück und keinen Ausweg!« oder: »Da haben wir's mal wieder. Du hast all deine Sünden Gott bekannt und nun hast du wieder denselben alten Fehler gemacht wie vorher. Du bist einfach ein Versager.«

Es ist ganz wichtig, dass Sie erkennen, dass solche Gedanken von Ihrer sündigen Natur und Satan herrühren, der versucht, Ihre Schamgefühle zu verstärken, damit Sie sich von Gott und anderen Menschen zurückziehen. Denken Sie daran, dass es eines der erklärten Ziele Satans ist, Gottes Kinder anzuklagen, damit sie von ihrer Schuld und Scham überwältigt werden (Offb 12,10).

Solchen Lügen kann man nur mit der Wahrheit begegnen. Und das setzt eine Entscheidung voraus. Sie müssen bewusst zu sich selbst sagen: »Gott liebt mich bedingungslos und ich nehme seine Liebe an und liebe mich selbst.« Wann immer Sie alleine sind, sagen Sie sich das laut vor. Vielleicht haben Sie sich schon seit Jahren eingeredet, dass Sie ein absolut schlechter Mensch sind. Dann kann es natürlich einige Zeit dauern, bis Sie sich in einem neuen Licht sehen können.

Es gibt nichts, was Sie tun können, damit Gott Sie noch mehr liebt, als er es jetzt schon tut. Er könnte Sie auch nicht noch mehr lieben, wenn Sie perfekt wären, und er liebt Sie nicht deshalb weniger, weil Sie unvollkommen sind. Sie sind geliebt und angenommen, so wie Sie sind. Wenn Sie diese Wahrheit nicht annehmen wollen, machen Sie aus Gott einen Lügner. Sie sagen damit indirekt, dass Sie selbst Ihren Wert besser einschätzen können als er. Möchten Sie das wirklich so behaupten? Ich denke nicht. Es ist nicht nur unklug, sondern auch zerstörerisch.

Wenn Sie sagen: »Gott liebt mich« und seine Liebe für Sie immer mehr annehmen, dann bringen Sie damit die Stimme der Scham zum Schweigen. Jedes Mal, wenn Sie sich das vorsagen, nähern Sie sich Gottes Liebe. Und seine Liebe hat die Macht, Sie zu verändern.

Aber Sie müssen eine bewusste Entscheidung treffen, ob Sie seine Liebe annehmen und zulassen wollen, dass er Ihr Selbstbild verändert. Sie können sich dafür entscheiden, bei Ihren Schamgefühlen zu bleiben, die Ihr Leben zerstören. Wenn Sie aber sagen: »Gott liebt mich und ich bin sein Kind«, können Sie sich allmählich so sehen, wie er Sie sieht.

Machen Sie reinen Tisch!

Der Prozess der Persönlichkeitsveränderung durchzieht unser ganzes Leben. Sobald Sie sich Ihre beschämenden Geheimnisse offen und ehrlich eingestanden haben, besteht für Sie der nächste Schritt darin, sich mit Ihrem zerstörerischen Umfeld zu befassen, das den Nährboden für Ihr zwanghaftes sexuelles Verhalten bildet. Ein Teil dieses Umfeldes hat mit Ihrer Ursprungsfamilie zu tun, mit der Familie, in der Sie aufgewachsen sind, und dem falschen, zerstörerischen Rollenverhalten, das Sie dort erlernt haben. Im nächsten Kapitel können Sie sich ein Bild dieses

Rollenverhaltens machen und erfahren, wie Sie sich davon befreien können.

Denkanstöße

1. Inwiefern kann sexuelle Gebundenheit eine Form des Götzendienstes sein?
2. Welches sind die schrecklichen Geheimnisse in Ihrem Leben, die Sie gerne im Verborgenen halten? Haben Sie schon einmal irgendjemandem davon erzählt? Wie würde man Ihrer Meinung nach darauf reagieren, wenn Sie sie preisgäben? Haben Sie diese Geheimnisse schon vor Gott gebracht? Wie würde er darauf reagieren, wenn Sie das täten?
3. Legen Sie die drei Listen an, die in diesem Kapitel beschrieben wurden. Dann sprechen Sie mit Gott darüber!
4. Wie gehen Sie mit dem Wissen um, dass Ihr himmlischer Vater Sie liebt, Sie akzeptiert und sich über eine Beziehung zu Ihnen freut?

Kapitel 6

Ihre Herkunftsfamilie

Als Klassenclown hatte ich die schlechte Angewohnheit, immer das Falsche zur falschen Zeit zu sagen. Mein unangebrachter Sinn für Humor machte mir noch in meiner späten Schulzeit und an der Universität zu schaffen.

Natürlich bringen wir alle gerne andere zum Lachen. Spaß ist notwendig und macht vieles leichter. Aber ich hatte die Rolle des Klassenclowns übernommen und identifizierte mich über diese Rolle. Diese Rolle war zu einer schützenden Hülle, zu einer Art Kokon für mich geworden. Indem ich lustig war und andere unterhielt, konnte ich Freunde gewinnen. Und mit der gleichen Technik konnte ich mir auch gleichzeitig die Leute vom Leibe halten, die ich nicht mochte. Natürlich hatte die Sache auch einen Haken. Die Lehrer runzelten meist die Stirn über meine Späße, und einige Leute, die ich zu beeindrucken versuchte, hielten mich für unreif und undiszipliniert.

Viele von uns haben in jungen Jahren ein bestimmtes Rollenverhalten erlernt, das zum Teil auf eine dysfunktionale Familienstruktur zurückzuführen ist (mit »dysfunktional« meine ich hier Familien, die nicht so funktionieren, wie Gott es vorgesehen hat).

Es geht dabei um ein ko-dependentes Rollenverhalten, das wir in unserer Jugend im Zusammenleben mit anderen Menschen »einüben«. Früher dachte ich, das Wort »ko-dependent«, also »ko-abhängig«, meine den Ehepartner eines Alkoholikers, der dadurch irgendwie auch alkoholabhängig geworden wäre.

In Wirklichkeit ist diese Definition nur bedingt richtig. Als Psychologen und Soziologen damit begannen, die Familiensituation von Alkoholikern zu untersuchen, entdeckten sie, dass jeder Trinker jemanden hatte, der ihm half, so zu bleiben, wie er war: jemanden, der seinen Chef anrief und ihm sagte, dass er nicht zur Arbeit kommen könnte, weil er krank sei (in Wahrheit hatte er natürlich nur einen Kater), oder der ihn aus dem Gefängnis holte, wenn er wegen Trunkenheit am Steuer in polizeilichen Gewahrsam genommen worden war.

Anstatt zuzulassen, dass der Alkoholkranke den Tiefpunkt erreicht, kommen Ko-Abhängige ihm zu Hilfe. Dadurch werden sie von dem Verhalten des Alkoholikers so in Beschlag genommen, dass sie ihr eigenes Leben ganz in den Hintergrund stellen.

Lange Zeit ging man davon aus, dass der Ehepartner des Süchtigen diese ko-dependente Person sei. Aber dann haben die Forscher etwas Entscheidendes herausgefunden: Es ist nämlich jedes Mitglied der Familie von dem Verhalten eines Süchtigen betroffen. Jeder Erwachsene und jedes Kind nimmt eine bestimmte Rolle ein, um den Abhängigen in Schach zu halten und die Familie ins Gleichgewicht zu bringen.

Das Rollenverhalten innerhalb der Familie

Wie kommt es zu einer Ko-Dependenz? Als Kinder lernen wir ungeschriebene Gesetze, wie wir zu anderen in Beziehung zu treten haben. Kinder, die in gestörten Familien aufgewachsen sind, lernen, auf den primären Stressauslöser in der Familie zu reagieren. Das kann ein Elternteil sein, der unter Alkohol- oder Arbeitssucht leidet, anderen körperlichen oder verbalen Schaden zufügt oder versucht, die Gefühle und Meinungen aller anderen zu kontrollieren, oder ein Elternteil, das starre religiöse Regeln verhängt oder sexuellen Missbrauch betreibt.[1]

Bevor die Sucht auftritt, ist die Familie im Gleichgewicht. Wenn sich nun das Gleichgewicht verlagert, findet jedes der Familienmitglieder dieses Ungleichgewicht inakzeptabel. Jedes Mitglied für sich passt sich deshalb dem Stress, der das Ungleichgewicht verursacht hat, an, um dieses unter Kontrolle zu bekommen und das Gleichgewicht wiederherzustellen. Solange der Stress anhält, leben die Familienmitglieder in einem ständigen Zustand der Alarmbereitschaft. Mit der Zeit nimmt jeder ein ko-abhängiges Rollenverhalten innerhalb der Familie ein.

In einer Familie, in der viele Stressfaktoren auftreten, kann ein Kind zum Beispiel die Rolle des *»Familienhelden«* einnehmen. Dieses Kind ist darauf bedacht, die Familienehre zu retten. Die Helden der Familie sind gewöhnlich von dem Wunsch beseelt, in allem, was sie tun, vorbildlich zu sein. Als Erwachsene werden sie oft zu Workaholics in so genannten »helfenden Berufen« wie im Bereich der Medizin, Sozialarbeit oder im kirchlichen Bereich.

Ein Kind übernimmt vielleicht die Rolle des *Komikers*, um der Familie auf lustige Art und Weise Erleichterung zu verschaffen. Durch ihr »Herumblödeln« lenken Komiker die Aufmerksamkeit weg von den eigentlichen Brennpunkten und ziehen sie auf sich selbst.

Ein Kind kann zum *Sündenbock* der Familie werden. Durch sein unangemessenes und manchmal unsoziales Verhalten lenkt ein Sündenbock die Aufmerksamkeit weg von dem eigentlichen Problem. Ein Sündenbock braucht Beachtung und bekommt sie auch durch sein Verhalten.

Der *Musterknabe* der Familie ist das vergessene Kind, – das Kind, um das sich niemand Sorgen zu machen braucht. Perfekte Kinder bringen ihre Bedürfnisse nicht zum Ausdruck und werden dafür belohnt.

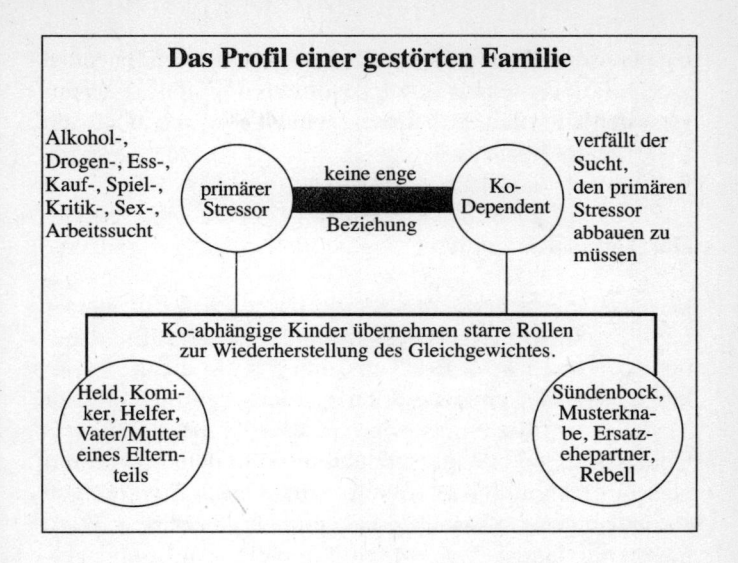

Das Profil einer gestörten Familie

Alkohol-, Drogen-, Ess-, Kauf-, Spiel-, Kritik-, Sex-, Arbeitssucht — **primärer Stressor** — keine enge Beziehung — **Ko-Dependent** — verfällt der Sucht, den primären Stressor abbauen zu müssen

Ko-abhängige Kinder übernehmen starre Rollen zur Wiederherstellung des Gleichgewichtes.

- Held, Komiker, Helfer, Vater/Mutter eines Elternteils
- Sündenbock, Musterknabe, Ersatzehepartner, Rebell

Andere Rollen, die Kinder in gestörten Familien einnehmen können, sind beispielsweise die des *Helfers,* des *Ersatzehepartners* oder des Vaters bzw. der Mutter eines Elternteils.

In einer gesunden Familie spielt jeder zu einer bestimmten Zeit eine andere Rolle. Wenn der Vater Erfolg im Beruf hat und die Familie zum Essen ausführt, ist er der Star. Wenn die Tochter beim Handball ein Tor wirft oder der Sohn den Musterknaben spielt, sind sie die Helden. In einer gesunden Familie wechseln die Rollen, jeder ist mal Komiker oder Rebell.

In einer gestörten Familie bestimmen unsere ko-abhängigen Rollen, wer wir sind. Das führt dazu, dass wir unser wahres Ich hinter einer Rolle verstecken, die in der Familie ein Gleichgewicht vortäuscht. Wenn Kinder aus solchen Familien heranwachsen, hören sie nicht auf, ihre Rolle weiterzuspielen, selbst wenn sie keinen Bezug mehr zu der eigentlichen Ursache des Stresses haben. Ihre Rollen erscheinen ihnen dann immer noch normal. Aber selbst wenn diese Rollen zu einem bestimmten Zeitpunkt ausgesprochen hilfreich erschienen, wirken sie sich doch am Ende zerstörerisch aus.[2]

Der Typus des Helden

Wie ich bereits erwähnte, wurde ich als Kind in meiner Familie zum Unterhaltungskünstler. Aber ich füllte daneben noch eine zweite Rolle aus, und das war die des Familienhelden. Als einziger Sohn in einer Familie mit vier Mädchen erwartete man von mir, dass ich bei allem, was ich anpackte und tat, glänzte und insbesondere beim Sport überdurchschnittlich abschnitt. Um diesen Erwartungen zu entsprechen, musste ich hart und ehrgeizig sein. Dazu musste ich jedoch mein Mitgefühl, meine Angst und Verletzlichkeit über Bord werfen. Ich war mir gar nicht darüber im Klaren, dass ich ein ko-dependentes Rollenverhalten angenommen hatte. Zumindest dachte ich nicht, dass ich ein Problem hätte; im Gegenteil, ich hielt mich für eine sehr ehrgeizige und kompetente Person.

Ich könnte hier unzählige Beispiele anführen von Leuten, denen ich zu helfen versucht habe. Verstehen Sie mich bitte nicht falsch: Ich spreche hier nicht davon, dass ich Menschen, die sich in einer Notlage befanden, Hilfestellung anbot, oder Leuten, die um Hilfe baten, zur Seite stand. Ich spreche hier von dem Impuls, unbedingt Menschen retten zu wollen, die über ein großes Potenzial verfügen, oder die Verantwortung für den Erfolg anderer Leute übernehmen zu wollen, von denen ich dachte, dass sie es ohne meine Hilfe nicht schaffen würden. Einer davon war Kent.

Eines Nachmittags tauchte Kent unvermittelt bei mir im Büro auf. Auf Grund seines Huts sah er wie der Cowboy in der Marlboro-Werbung aus. »Ich bin gerade dabei, einen erstklassigen Leichtathletik-Club in Houston aufzuziehen«, sagte er mit unverkennbarem Südstaaten-Akzent. »Das wird der tollste Schuppen in der ganzen Stadt.«

»Wie lange wohnst du denn schon in Houston?«, fragte ich zurück.

»Ich bin vor einigen Monaten von Arkansas hierher gezogen. Ich hatte dort mehrere Clubs. Davor besaß ich welche in Louisiana und Georgia.«

»Wie bist du denn auf die Idee gekommen, ein solches Geschäft aufzubauen?«

Kent richtete sich in seinem Stuhl auf. Mit einem breiten Lächeln entgegnete er: »Ich war Profi-Boxer. Ich bin ins Box-Geschäft gekommen, als ich für Wettkämpfe trainierte. Später wollte ich Schauspieler werden, aber das hat nicht geklappt. Ich wurde alkohol- und drogensüchtig. Vor ein paar Jahren bin ich Christ geworden, und das hat mein Leben total verändert.«

Je mehr Kent erzählte, desto mehr mochte ich ihn. Kent war dynamisch und hatte Ausstrahlung. Ich war überzeugt davon, dass eine Menge in ihm steckte.

Fast ein Jahr lang versuchte ich, mich jede Woche mit Kent zu treffen. Er sagte, er wolle meine Hilfe, also half ich ihm auch. Er war nicht besonders zuverlässig, was Verabredungen anging, aber ich führte die Treffen mit ihm trotzdem fort. Selbst als er keinerlei Bereitschaft zur Veränderung signalisierte, ließ ich ihn nicht fallen. Ich stellte mir vor, was aus ihm werden konnte, wenn er sich zusammenreißen würde. Ich wollte die Person sein, die ihm herauszufinden half, was in ihm steckte.

Eines Morgens tauchte Kent nicht zum vereinbarten Frühstückstreffen auf. Das war nicht das erste Mal. Aber dieses Mal hatte er seinen Geschäftspartner an seiner Stelle geschickt. Durch diesen erfuhr ich, dass Kent bereits zwei zerrüttete Ehen hinter sich und mehrere erfolgreiche Geschäfte ruiniert hatte – und auch, warum er mich gelegentlich versetzte.

Kent war kokainabhängig, und zwar schon seit mehreren Jahren. Zu meinem Erstaunen hatte er sich mit Leuten umgeben, die ihn deckten, die für seine mangelnde Selbstachtung in die Bresche sprangen, die ihn davon abhielten, für sich selbst verantwortlich zu sein, und die seinem Lebensstil die nötige Würde verliehen.

Als ich an diesem Tag nach Hause ging, fühlte ich mich betrogen und ausgenutzt. Ich war wütend. Offensichtlich wusste Ken weder die Opfer, die ich für ihn gebracht hatte, zu schätzen noch wollte er meinen Rat annehmen.

Und was tat ich daraufhin? Ich zog mich zurück. Ich versuchte, ihn damit zu treffen, indem ich ihn emotional »im Regen stehen« ließ. Kent konterte seinerseits mit erbitterten Vorwürfen, ich wäre nie für ihn da, wenn er meine Hilfe bräuchte. Damit war ich plötzlich zum Schuldigen geworden.

Wer ist hier eigentlich das Opfer?

Ich habe diese Geschichte erzählt, weil sie sehr gut verdeutlicht, wie meine Kindheitsrolle als Familienheld mich noch im Erwachsenenalter beeinflusste. Ich wollte Kent mehr helfen, als er geholfen bekommen wollte. Die Geschichte zeigt auch, wie ein Ko-Abhängiger mit der Zeit sowohl zum Verfolger als auch zum Opfer werden kann.

Stephen B. Karpman vergleicht die Rollen, die ein Ko-Abhängiger spielt, mit den drei Eckpunkten eines Dreiecks. Als Erstes retten wir jemanden, als Zweites werden wir dann wütend und schlagen zurück, wenn der Betroffene nicht so reagiert, wie wir das von ihm erwarten. Schließlich fühlen wir uns ausgenutzt und kommen an den Punkt, an dem wir von der Person, der wir eigentlich helfen wollten, bestraft werden. Damit sind wir das Opfer.[3] Ich habe alle drei Rollen mit Kent und auch mit anderen durchexerziert.

Bevor ich das Schema der Ko-Dependenz durchschaute, wusste ich nie, warum es mich immer ausgerechnet zu Problemfällen hinzog, in denen meiner Meinung nach aber eine Menge Potenzial steckte. Ich verstand auch nicht, warum ich immer noch versuchte, diesen Leuten zu Hilfe zu kommen, sie zu retten, auch wenn sie auf mir herumhackten. Sehr oft stand bei mir gar nicht das Motiv im Vordergrund, Gott mit meinem Verhalten zu ehren. Der Gewinn bestand für mich eher in der Freude, die ich empfand, wenn ich jemandem aus der Patsche geholfen hatte. Mir gefiel die Idee, für jemanden der Held zu sein. Das baute mich auf. Ich fühlte mich dann so gut wie damals, wenn ich als Kind den Familienhelden spielen konnte.

Abhängigkeitsverhältnisse in der Kirche

Ich bin davon überzeugt, dass in Gemeinden und Kirchen solche ko-abhängigen Beziehungen sogar noch begünstigt werden. Zuweilen erziehen wir die Menschen sogar unbeabsichtigt dazu, ein solches Abhängigkeitsverhältnis einzugehen. Wir lehren – und das ist ja auch tatsächlich so –, dass Selbstaufgabe die höchste Form der Liebe ist. Das Problem dabei ist nur, dass Menschen lernen, wie man sich liebevoll und aufopfernd verhält, aber nicht unbedingt auch, wie man wirklich liebt. Ko-Abhängige helfen in Wirklichkeit nur sich selbst. Sie genießen das Gefühl der Macht, das sie während der Hilfeleistung empfinden. Sie fühlen sich gerecht und gut, wenn sie anderen helfend zur Seite stehen. Leider ist diese Art der Hilfsbereitschaft eine subtile Form der Selbstverherrlichung.

Es kann schnell passieren, dass man vergisst, dass es Gottes Sache ist, Menschen zu retten und zu befreien. Unsere Aufgabe ist es nur, seine Liebe weiterzugeben. Wir sind dazu da, den Menschen aus der Not zu helfen, die auch gewillt sind, für sich selbst Verantwortung zu übernehmen.

Meine Bemühungen, Menschen zu helfen, die noch gar nicht dazu bereit waren, gerettet zu werden, haben nie jemandem gedient. Im Gegenteil, ich habe sie vielmehr davon abgehalten zu wachsen, indem ich sie vor den Konsequenzen ihres Tuns bewahrte. Die meisten Menschen wollen sich gar nicht ändern, solange sie nicht die schmerzlichen Folgen ihrer unbedachten Entscheidungen zu spüren bekommen. Gott entbindet niemanden von der Verantwortung für sein Tun und wir sollten es auch nicht tun.

Destruktives Handeln

Ein Verhalten, das uns als Kind scheinbar geholfen hat, mit gewissen Dingen fertig zu werden, kann man nicht einfach ablegen. Auch wenn der ursprüngliche Grund für unser Verhalten nicht mehr vorhanden ist, neigen wir weiterhin dazu, genauso zu handeln. Schließlich hat es ja allem Anschein nach in der Vergangenheit funktioniert. Aber es funktioniert nicht mehr in der Gegenwart. Und um es noch deutlicher zu sagen: Wenn wir in unserem ko-abhängigen Rollenmuster verharren, kann unser Verhalten sogar oft schädlich sein. Betrachten Sie doch einmal die im Folgenden beschriebenen Verhaltensweisen, und sehen Sie, wie zerstörerisch sie sich auswirken können.

Reaktionen

Wenn wir auf etwas *re*-agieren, dann handeln wir unbewusst und unüberlegt. Oft tun wir anderen Menschen damit nichts Gutes. Wir spüren instinktiv, dass die Dinge aus dem Gleichgewicht geraten sind, und wir reagieren darauf, damit sie wieder ins Lot kommen.

Als König Saul erfuhr, dass sein Sohn Jonatan dem Befehl, während einer Schlacht nichts zu essen, nicht Folge geleistet und dennoch Honig probiert hatte, »re-agierte« er. Anstatt sich ganz genau zu überlegen, was er tun sollte, sprach der König das Todesurteil über Jonatan aus. Das Volk empörte sich zwar und konnte dadurch bewirken, dass Saul seine Meinung änderte, aber der König handelte auch später weiterhin auf diese Weise (1 Sam 14,24–46).

Menschen, die in einer zerrütteten Familie aufgewachsen sind, lernen, wie sie mit bestimmten Situationen am besten umgehen. Manchmal reagieren wir unangemessen, weil wir wegen des Verhaltens eines anderen verlegen sind. Wenn ein Elternteil in Ihrer Familie alkoholkrank war, kennen Sie sicherlich das Gefühl der Verlegenheit, das Sie empfunden haben, wenn ein Freund Ihre Eltern betrunken sah. Wenn so etwas passiert, wollen wir den Schaden begrenzen, den das Verhalten der Eltern verursacht hat. Wir wollen sie und uns vor dem Geschehenen abschirmen.

Kontrollierendes Verhalten

Ko-Abhängige neigen dazu, andere kontrollieren zu wollen. Vor einigen Jahren betreute ich ein Ehepaar, Jay und Kip. Jay zeigte eindeutiges Suchtverhalten, sowohl was seinen Alkoholkonsum betraf als auch sein Sexualverhalten. Alle paar Wochen betrank er sich, besuchte Obenohne-Bars oder sah sich Pornofilme an. Kip tat alles Mögliche, um ihren Mann unter Kontrolle zu halten. Wenn er abends wegging, suchte sie überall nach ihm, lauerte ihm auf, drängte ihn, zu einer Beratungsstelle zu gehen, durchsuchte die Taschen seiner Kleider und stritt mit ihm.

Kip tat ihrer Meinung nach all das aus Liebe zu Jay. Sie wolle ihm nur helfen und erreichen, dass ihr Mann wieder nach Gottes Willen handelte. Sie schien eine liebe und fürsorgliche Ehefrau.

Tief im Innern aber versuchte Kid verzweifelt, ihren Mann zu zwingen, sich ihrem Willen zu beugen. Sie hielt es für ihre und nicht Gottes Sache, Jay wieder auf den rechten Kurs zu bringen. Sie wollte die Zügel nicht aus der Hand geben und zulassen, dass ihr Mann das Leben so lebte, wie er es für richtig hielt. Sie weigerte sich, Gott zu erlauben, ihn so tief fallen zu lassen, dass er sich von alleine ändern wollte.

Nützte ihr dieses kontrollierende Verhalten irgendetwas? Ganz bestimmt nicht. Anstatt ihren Mann im Griff zu haben, unterstellte sie sich damit indirekt seiner Kontrolle.

Nach längerer Beschäftigung mit entsprechender Lektüre und einigen schmerzlichen Beratungsgesprächen überließ Kip ihren Mann Gott. Und langsam fing Jay an, sich zu ändern.

Auch wenn er sich nie geändert hätte, hätte Kip diese Lektion des Loslassens lernen müssen, denn ansonsten hätte sich ihr Mann ihren Kontrollversuchen nur immer weiter widersetzt. Er hätte sie immer wieder dafür bestraft, dass sie ihn dazu veranlasste, Dinge zu tun, die er eigentlich gar nicht tun wollte.

Hilfe

Was veranlasst uns dazu, uns immer zu Helfern anderer aufschwingen zu wollen, die uns ihrerseits zu Opfern machen? Wie bei vielen anderen Süchten ist ein geringes Selbstwertgefühl eine der Hauptursachen. Meistens haben Kinder, die in gestörten Familien aufwachsen, Angst vor dem Verlassenwerden. Sie bekommen nicht die Bestätigung und Anerkennung, die sie brauchen, um sich sicher und geborgen zu fühlen. Das gibt ihnen das Gefühl, dass irgendetwas mit ihnen nicht in Ordnung ist.

Daher tun sie alles, um sich wertvoll und angenommen zu fühlen. Von Kind an versuchen sie, sich unentbehrlich zu machen, indem sie sich um andere Familienmitglieder kümmern. Deshalb schlüpfen sie auch in die Rolle des

Clowns, des Helden, des Musterknaben oder sogar des *Enfant terrible*, denn dadurch sind sie jemand. Diese Art der Ko-Dependenz führt dazu, dass wir versuchen, unsere Identität und unseren Selbstwert bei anderen Menschen zu suchen anstatt bei Gott.

Negative Gefühle

Wenn Sie sich das nächste Mal bei dem Versuch ertappen, jemandem aus der Klemme helfen zu wollen, indem Sie wieder diese ko-abhängige Rolle spielen, haben Sie einmal Acht darauf, wie sich dabei Ihre Stimmung verändert! Wenn Sie sich ausgenutzt vorkommen, weil derjenige, dem Sie zu helfen versuchen, nicht auf die Weise reagiert, wie Sie es gerne hätten, oder es versäumt, seine Anerkennung zum Ausdruck zu bringen, dann könnte es sehr gut sein, dass Ihre Motive, ihm zu helfen, nur Selbstzweck waren. Sie haben ihm wahrscheinlich nur aus der Patsche geholfen, um sich selbst besser zu fühlen und nicht, weil Sie sich ernsthaft um ihn sorgen.

Die nachfolgend beschriebenen Gefühlsreaktionen können ein Warnsignal dafür sein, dass Sie sich nach Ihrem alten zwanghaften Rollenmuster verhalten.

Enttäuschung

Vielleicht ist der größte emotionale Schmerz, den ein Ko-Abhängiger empfindet, der Schmerz der Enttäuschung. Das Leben, das Sie sich erhofft und auf das Sie hingearbeitet haben, hat sich nie eingestellt. Die Person, für die Sie sich abgerackert haben, hat sich gegen Sie gewandt.

Ich verstehe diese Enttäuschung sehr gut. Vor einigen Jahren schloss sich ein junger Mann namens Sean dem Mitarbeiterkreis unserer Gemeinde an, deren Hauptpastor ich war. Selten fühlte ich zu einem anderen Menschen so schnell eine so enge Verbundenheit. Er war der Bruder, den ich nie gehabt hatte. Wir beide träumten von einem lebenslangen gemeinsamen Dienst. Innerhalb kürzester Zeit baute Sean eine florierende Jugendarbeit in unserer Gemeinde auf.

Als sich unsere Freundschaft vertiefte, schlug Sean mir gegenüber einen raueren Ton an. Ich blieb ruhig und redete mir ein, er sei einfach noch nicht so reif und bräuchte noch mehr Zeit. Bekanntlich ist ja niemand perfekt. Ich machte mir keine weiteren Gedanken darüber, denn als Held wusste ich ja, dass ich ihm helfen konnte.

Hin und wieder machten Freunde mich darauf aufmerksam, dass Seans Probleme schwerwiegender waren, als ich sie mir eingestand. Die Leute, die ihn noch von seiner letzten Stelle in einer anderen Gemeinde kannten, warnten mich vor ihm. Als ich mit ihm über das sprach, was mir zu Ohren gekommen war, erklärte er mir, dass diese Leute ihn verleumdeten.

Es fiel mir nicht schwer, Sean zu vertrauen. Ich hatte schon als Kind gelernt, nur das Beste in anderen Leuten zu sehen, besonders in Leuten mit gravierenden Problemen.

Eines Abends erhielt ich noch spät einen Anruf von einem anderen Pastor, der mir mitteilte, dass Sean eine sexuelle Beziehung zu einem unverheirateten Mädchen hatte. Schweren Herzens stellte ich meinen Freund zur Rede. Aber anstatt meine Hilfe anzunehmen, wandte er mir den Rücken zu. Wieder einmal war ich vom Helfer zum Opfer geworden.

Bei anderen ist vielleicht der Traum von einer harmonischen Ehe an einem alkoholkranken Mann zerbrochen, der jegliche Hilfe verweigerte. Eltern leiden unter der Enttäuschung, dass eines ihrer Kinder drogenabhängig ist und sie und all das ablehnte, was sie zu geben hatten.

Natürlich dürfen wir über unseren Verlust trauern. Es wäre lieblos und unmenschlich, nach einer solchen Enttäuschung keinen Schmerz zu empfinden. Aber ein Ko-Abhängiger sucht sich seltsamerweise immer die Beziehungen aus, die in Enttäuschung enden.

Schuld

Ein Grund, warum wir weiterhin an unseren Bemühungen festhalten, anderen Menschen zu helfen, liegt darin, dass wir uns für ihre Fehlschläge verantwortlich fühlen. Da wir ja versuchen, ihnen beizustehen und sie aus ihren Schwierigkeiten zu retten, schieben wir uns selbst dafür die Schuld in die Schuhe, wenn es ihnen nicht bald besser geht. Wir fühlen uns schuldig.

Natürlich gibt es Zeiten, in denen wir uns schuldig fühlen sollten. Unser Gewissen ist ja die Instanz, die uns darauf hinweisen soll, wenn wir etwas falsch gemacht haben. Dann sollten wir unser Fehlverhalten Gott bekennen und seine Vergebung annehmen (vgl. 1 Joh 1,9).

Dann wiederum gibt es Zeiten, in denen wir unter falscher Schuld leiden, d. h., wir meinen, etwas verkehrt gemacht zu haben, obwohl das tatsächlich gar nicht der Fall ist. Eine solche vermeintliche Schuld tritt dann auf, wenn etwas passiert, auf das wir keinen Einfluss und über das wir keine Kontrolle haben.

Wenn ein Kind versucht, die Ehe der Eltern zu retten und diese dennoch in einer Scheidung endet, kann es passieren, dass sich das Kind dafür verantwortlich fühlt, auch wenn es das letztendlich nicht ist. Als Sean sich falsch verhielt, fühlte ich mich verantwortlich.

Nicht verarbeitete Schuld kann zu Selbsthass und Scham führen. Und diese ungelösten Konflikte und Gefühlsreaktionen können uns dazu bringen, uns nur noch mehr anzustrengen, um einem anderen zu helfen, der unsere Hilfe überhaupt nicht annehmen will.

Wut

Wenn man der Enttäuschung und Schuld nicht angemessen entgegentritt, kann dies zu Wut führen. Ich spreche hier nicht von einer gerechtfertigten Wut. Wenn wir auf eine Ungerechtigkeit aufmerksam werden, sollten wir auch Wut empfinden. Das bringt uns vielleicht dazu, etwas zu unternehmen, um aus dem Unrecht Recht zu machen.

Die Art von Wut, die Ko-Abhängige oftmals empfinden, resultiert jedoch aus einer jahrelangen Enttäuschung und aus Schuld. Es handelt sich hier also um eine ungesunde Wut, die sich dann äußert, wenn eine bestimmte Erwartung nicht erfüllt wurde. Ko-Abhängige denken dann, sie hätten etwas Wertvolles verloren.

Wenn diese Art von Ärger unterdrückt wird, entstehen dauerhafte Gefühle des Zorns, die sich in regelmäßigen Abständen explosionsartig entladen. Ich habe solche gewaltigen und erschreckenden Wutanfälle selbst einmal miterlebt, als ein Abhängiger sich nicht den Erwartungen eines Ko-Abhängigen beugen wollte.

Einige Ko-Abhängige haben sich so weit im Griff, dass es nicht zu diesen heftigen Wutausbrüchen kommt. Stattdessen aber richtet sich das Zerstörerische des Ärgers nach innen. Sie werden sarkastisch und wollen damit denjenigen treffen, der sich ihrem Hilfsangebot entzogen bzw. widersetzt hat.

Ko-Abhängigkeit und sexuelle Zwänge

Vielleicht hat dieses Kapitel Ihnen geholfen, manche Zusammenhänge deutlicher zu erkennen und zu sehen, wie die frühe Prägung in einer gestörten Familie dazu geführt hat, dass Sie ein ko-abhängiges Rollenverhalten eingenommen oder eine Rolle gespielt haben, um anderen zu helfen oder eine Situation wieder ins Gleichgewicht zu bringen. Aber vielleicht fragen Sie sich, inwiefern Ihr ko-abhängiges Rollenverhalten mit Ihren sexuellen Zwängen zu tun hat. Diese beiden Dinge können auf zweierlei Weise miteinander zusammenhängen:

Zum einen können unverarbeitete Enttäuschungen, Schuld und Wut zu Selbsthass und Scham führen. Wie wir im letzten Kapitel gesehen haben, sucht die angestaute Scham oft auf schädliche Weise ein Ventil. So gibt es eine Vielzahl sexueller Praktiken, die uns schnell auf andere Gedanken bringen können und uns von unserer Scham ablenken.

Zum anderen verbirgt ein ko-abhängiges Rollenverhalten das wahre Ich. Als der Heldentyp, so dachte ich, müsse ich immer für Familien- und Gemeindemitglieder und Freunde da sein und ihnen zu Hilfe kommen. Als Held lernte ich, mit meinen Gefühlen der Enttäuschung, der Zurückweisung, des Versagens und der Einsamkeit hinter dem Berg zu halten. Trotz innerer Wunden und Enttäuschungen machte ich äußerlich einen zuversichtlichen und starken Eindruck.

Als Komiker oder Clown versuchte ich, immer lustig und fröhlich zu sein. Ich lernte, selbst einer schmerzlichen Situation etwas Lustiges abzugewinnen. Als Erwachsener profitiere ich sehr von diesem Sinn für Humor, aber er kann auch leicht zu einem Schutzschild werden, um Freunde ja nicht nahe an mich heranzulassen – aus Angst, sie könnten meinen Schmerz sehen und mir helfen, mich mit ihm auseinander zu setzen.

Wie wir noch in Kapitel 11 sehen werden, liegt der Schlüssel zu einem dauerhaft ausgewogenen Leben und zu sexueller Reinheit im Aufbau von engen, offenen und echten Freundschaften. Solange wir uns unserem Gegenüber nur als Akteur zeigen, der eine bestimmte Rolle spielt, wird dieser nie unser wahres Ich kennen lernen. Und er wird uns nie dabei helfen können, in einer guten Weise mit unserem Schmerz umzugehen.

Der Ausweg

Wenn wir aus unserem ko-abhängigen Rollenverhalten aussteigen wollen, brauchen wir sowohl ein gewisses theoretisches Wissen darüber als auch eine gute Portion Energie und Tatendrang. Nehmen Sie sich die Zeit, über die Rolle nachzudenken, die Sie in Ihrer Familie als Heranwachsender gespielt haben. Prüfen Sie Ihre heutigen Beziehungen, und versuchen Sie herauszufinden, inwieweit Sie diese Rolle noch immer spielen.

Suchen Sie bei diesem Rückblick in die Vergangenheit aber keinen Sündenbock für Ihre heutigen Probleme. Versuchen Sie lieber zu verstehen, warum Sie so sind, wie Sie sind, damit Ihnen eine Verhaltensänderung leichter fällt.

Es gibt zwei Schritte, die Sie unternehmen sollten, um bestimmte Tendenzen zu ko-abhängigem Verhalten aufzudecken.

Loslassen

Ein Punkt, der es uns so schwer macht, uns von unserem ko-abhängigen Verhalten zu befreien, ist das Bedürfnis, an der Beziehung zu anderen Menschen krampfhaft festhalten zu müssen und andere kontrollieren zu wollen, damit es ihnen besser geht. Sich an sie zu klammern scheint ein sicherer Weg zu sein, ihnen zu helfen.

Aber das ist ein Irrtum. Niemandem wird es je besser gehen, nur weil Sie ihn dazu zwingen wollen. Sie können Menschen nicht helfen, die nicht bereit sind, sich helfen zu lassen. Das Beste, was Sie für diese Menschen tun können, ist, sie loszulassen und Gott zu vertrauen, dass er sich um sie kümmert.

Ich erinnere in diesem Zusammenhang noch einmal an die Geschichte vom verlorenen Sohn, die wir im letzten Kapitel beleuchtet haben. Als der Sohn sein Erbteil einforderte, gab sein Vater es ihm. Als der Sohn fortgehen wollte, ließ der Vater ihn ziehen. Als er in das ferne Land aufgebrochen war, suchte sein Vater nicht nach ihm.

Was wäre geschehen, wenn der Vater seinem Sohn in das ferne Land gefolgt wäre? Er hätte mit ansehen müssen, wie dieser sein Leben wegwarf. Vielleicht hätte sich der Vater als Held eingemischt und versucht, ihn zu ändern. Vielleicht hätte er sich auch bemüht, die Dinge durch einen witzigen Ausspruch (z. B. »Na ja, so sind eben die jungen Leute von heute«) in einem besseren Licht erscheinen zu lassen.

Aber sein Einschreiten hätte dem Sohn sicher nicht weitergeholfen. Der Junge musste an einen Punkt der absoluten Verzweiflung kommen. Dadurch, dass der Vater seinen Sohn losließ, beschleunigte er dagegen seine Veränderung.

Wenn Sie bislang Ihr Leben danach ausgerichtet haben, immer zu versuchen, anderen zu helfen, müssen Sie lernen loszulassen. Lieben Sie sie auch weiterhin, aber hören Sie damit auf, versuchen zu wollen, das Verhalten anderer zu kontrollieren. Vertrauen Sie darauf, dass Gott in ihrem Leben wirkt.

Loszulassen heißt aber nicht, dass Sie falsches Verhalten gutheißen oder dass Ihnen der andere gleichgültig ist. Aber es heißt, dass Sie damit aufhören, sich ständig einzumischen und das Leben anderer kontrollieren zu wollen.

Sie können Mitgefühl und Besorgtheit um Ihre Freunde und Familienmitglieder ja auch zum Ausdruck bringen, ohne gleich den Retter in der Not zu spielen, sich immer für andere verantwortlich zu fühlen und zu glauben, dass Sie die Dinge wieder ins Lot bringen. Wenn ein anderer Ihnen seine Probleme anvertraut, können Sie ihn beispielsweise fragen: »Was erwartest du von mir?« Wenn er es Ihnen sagt, überlegen Sie, ob Sie sich in der Lage sehen, ihm zu helfen, und setzen Sie Ihrer Hilfeleistung Grenzen. Wenn Sie zeitlich so sehr eingebunden sind, dass Sie ihm nicht helfen können, lassen Sie es ihn wissen. Vielleicht ist es ja im Moment auch das Wichtigste, dass Sie einfach nur zuhören und ihm mitfühlend signalisieren, dass Sie sein Problem verstehen. Bieten Sie Ihre Gebetsunterstützung an und belassen Sie es dabei.

Wenn Sie so verfahren, schalten Sie automatisch Gefühle der Schuld oder Scham oder Selbstvorwürfe aus, nicht mehr für den anderen tun zu können. Sie haben getan, was Sie tun konnten, und das reicht.

Auf dem Weg zur Selbstfindung

Da ko-abhängige Verhaltensweisen in der Herkunftsfamilie begründet sind, ist ein Teil des Heilungsprozesses die Erkenntnis, dass Sie nicht länger in den erlernten Rollenmustern verharren müssen.

Ich muss weder für meine Familie noch für meine Gemeinde den Superstar spielen. Ich muss auch nicht immer ein paar gute Witze auf Lager haben, wenn die Situation brenzlig wird. Gott hat mich nicht dazu berufen, Leuten hinterherzulaufen, die nicht zur Veränderung bereit sind. Es ist nicht meine Aufgabe, jeden glücklich machen zu wollen. Gott verlangt auch keineswegs von Ihnen, dass Sie Ihre Eltern, Ihren Mann, Ihre Kinder, Kollegen oder Freunde retten. So wie ich die Bibel verstehe, verlangt Gott von uns nicht einmal, dass wir überhaupt jemanden retten sollen. Er allein ist es, der errettet. Wir sind dazu berufen, ihm zu gehorchen und ihm zu vertrauen, dass er das Leben jedes einzelnen Menschen anrührt.

Wenn wir unser ko-abhängiges Rollenverhalten überwinden wollen, bedeutet das aber nicht nur, dass wir verstehen lernen müssen, wie sich unser jetziges Verhalten entwickelt hat. Ursache für unseren Helferdrang ist unser mangelndes Selbstvertrauen; wir fühlen uns erst wohl, wenn wir gebraucht werden. Wir fühlen uns tugendhaft und gerecht, wenn wir wissen, dass wir jemandem aus der Patsche geholfen haben.

Was wir brauchen, ist ein neues Selbstbewusstsein; ein Selbstbewusstsein, das uns die nötige Sicherheit verleiht. Und das erhalten wir durch unsere Beziehung zu Gott. Im nächsten Kapitel erfahren Sie, wie Sie ihn – und nicht Ihre Lust oder Ihr Bedürfnis nach menschlicher Anerkennung – zu Ihrem obersten Ziel machen können.

Denkanstöße

1. Schauen Sie sich das Diagramm über das Profil einer gestörten Familienstruktur an (Seite 97). Welche Rolle trifft am ehesten auf Sie zu? Wie äußert sich dieses Rollenverhalten bei Ihnen?
2. Welche zerstörerischen ko-abhängigen Verhaltensweisen können Sie an sich feststellen? Können Sie sich an bestimmte Ereignisse in jüngster Vergangenheit erinnern?
3. Mit welchen negativen Emotionen haben Sie am meisten zu kämpfen? Wie versuchen Sie, diese in den Griff zu bekommen?
4. Inwiefern sind die sexuellen Zwänge des Mannes durch Ko-Abhängigkeit bedingt?
5. Welches sind die beiden Möglichkeiten, mit ko-abhängigem Rollenverhalten fertig zu werden? Wie könnten Sie diese Prozesse schrittweise in die Tat umsetzen?

Teil III

Freiheit finden

Kapitel 7

Wer ist Ihr Herr?

Ich liebe es, barfuß Wasserski zu fahren. Ich finde es einfach fantastisch, in Windeseile über die spiegelglatte Wasseroberfläche zu gleiten und zu sehen, wie die Gischt an meiner Seite aufwirbelt. Für mich ist es eine besondere Herausforderung, Kunststücke ohne Wasserski zu vollführen.

In den vergangenen Jahren haben mich meine Freunde immer wieder gefragt, ob ich ihnen diese Kunst des Barfuß-Wasserskilaufens nicht beibringen könnte.

Ich entgegnete dann immer: »Aber gern, sofern es dir nichts ausmacht, ständig bei einer Geschwindigkeit von 60 Stundenkilometern kopfüber ins Wasser zu fallen.«

Und dann erhielt ich immer unweigerlich die Antwort: »Okay, ich versuche es.«

Sobald wir aber dann auf dem Wasser waren, gaben die meisten schon auf, nachdem sie ein- oder zweimal mit dem Gesicht zuerst ins kühle Nass gestürzt waren. Aber einige waren auch zäh. Ihnen war es egal, wie oft sie auf die Nase fielen oder wie groß der Schmerz war – sie waren fest entschlossen, Barfuß-Wasserskilauf zu erlernen.

Ich habe oft darüber nachgedacht, warum manche Leute durchhalten und andere nicht. Ich bin zu dem Schluss gekommen, dass das keine Frage der Schmerztoleranz, des Mutes oder des sportlichen Könnens ist. Ich glaube vielmehr, dass der Unterschied in der persönlichen Entschlossenheit jedes Einzelnen liegt. Einige haben, bevor sie aufs

Wasser gehen, für sich beschlossen, dass sie barfuß Wasserskilaufen lernen werden, und am Ende konnten sie es auch. Andere können sich gut vorstellen, das einmal zu tun, aber wenn es nicht gerade leicht zu erlernen ist, geben sie sehr schnell wieder auf.

Wenn ich jemandem beibringe, barfuß Wasserski zu laufen, stelle ich gleich von vornherein unmissverständlich klar, wie schmerzhaft es ist, bei so hoher Geschwindigkeit aufs Wasser zu fallen. Ich sage jedem, er soll es sich wirklich gut überlegen, ob er es versuchen will.

Auch Sie sollten die Kosten überschlagen, wenn Sie ein moralisch einwandfreies Leben führen möchten. Sollten Sie mit Pornografie, Prostitution oder Homosexualität zu tun haben, sich in eine Affäre eingelassen oder eine Reihe anderer sexueller Verfehlungen begangen haben, wird es sicherlich nicht ganz einfach werden, Ihren Lebensstil zu ändern. Selbst wenn es bei Ihnen noch nicht so weit gekommen ist und sich das Ganze mehr oder weniger in Ihren sexuellen Fantasien abspielt, ist eine Rückkehr zu sexueller Reinheit nicht ganz einfach. Wenn Sie sich dazu entschließen, auf sexuellem Gebiet ein reines Leben zu führen, heißt das folglich, etwas aufzugeben, das Sie gerne mögen. Sie müssen dazu Unbehagen und Langeweile in Kauf nehmen. Es bedeutet auch, Nein zu sagen zu dem starken Verlangen nach unreinem sexuellem Vergnügen.

Moralische Reinheit erfordert auch Entschlossenheit. Zunächst möchte ich mit Ihnen eine Reihe von Punkten durchgehen, die die ganze Sache für Sie lohnenswerter – und hoffentlich dauerhafter – machen werden.

Überschlagen Sie die Kosten!

In seinem Buch *Addictive Thinking* (»Zwanghaftes Denken«) bemerkt Abraham Twersky, dass es in Bezug auf das menschliche Verhalten ein ungeschriebenes Gesetz gibt, das scheinbar genauso unabänderlich ist wie das Gesetz der Schwerkraft. Er nennt dieses Gesetz das Gesetz der »menschlichen Gravitationskraft«.

Laut Twersky besagt dieses Gesetz Folgendes:

»Der Mensch fühlt sich in einem Zustand, der scheinbar mit größeren Unannehmlichkeiten verbunden ist, von einem Zustand angezogen, der scheinbar mit weniger Unannehmlichkeiten verbunden ist – aber niemals umgekehrt.«[1]

Einfach ausgedrückt: Twersky behauptet, dass sich die Menschen dem zuwenden, was ihnen am wenigsten Schmerzen und am meisten Vergnügen bereitet.

Als ich von Twerskys Gesetz der »menschlichen Gravitationskraft« zum ersten Mal hörte, dachte ich zunächst, dass die einzigen Menschen, die sich von Zwängen und Abhängigkeiten frei zu machen suchen, diejenigen sind, deren Leben sich in totaler Unordnung und im Chaos befindet und die alles verloren haben.

Aber so ist es ganz und gar nicht. Jeder kann Befreiung aus sexuellen Zwängen erlangen. Aber man wird nur nach einem Ausweg suchen, wenn der Schmerz, weiterhin abhängig zu sein, größer ist als der Schmerz, damit aufzuhören. Der Schmerz, damit weiterzumachen, kann daher rühren, dass man alles verliert, was einem wertvoll ist, oder dass man weniger schwerwiegende Verluste erlebt und über all diese Verluste ins Nachdenken kommt.

Diejenigen meiner Freunde, die gelernt haben, wie man barfuß Wasserski läuft, hielten körperliche Schmerzen aus, weil sie sich selbst sagten, dass der Schmerz zu versagen, größer ist als der Schmerz, ins Wasser zu fallen. Sie ertrugen bereitwillig den Schock, mit voller Wucht mit dem Gesicht aufs Wasser zu klatschen, weil sie sich die Freude am Erfolg vorstellen konnten.

Aber selbst als sie schon den Erfolg vor Augen hatten, mussten sie trotzdem noch einen Schritt im Glauben wagen. Sie mussten bewusst einen Fuß ins Wasser setzen und einen Augenblick später den anderen vom Ski nehmen und ihn ebenfalls auf das Wasser aufsetzen. Sie taten diesen Schritt in dem Wissen, dass sie nur einen Atemzug von einem großen Schmerzerlebnis entfernt waren.

Heutzutage verwenden Wasserskilehrer eine spezielle Spiere, um ihren Schülern den Barfußlauf beizubringen. Dieser Stab ist aus Metall und ragt seitlich ein Stück weit über die Bootskante hinaus. Der Wasserskiläufer hält sich an dieser Stange fest, gleitet rückwärts über das Wasser, und wenn das Boot die richtige Geschwindigkeit erreicht hat, schwenkt er seine Füße herum und gleitet barfuß weiter. Diese Metallstäbe verringern das Risiko und die Häufigkeit, ins Wasser zu fallen. Aber dennoch lernt niemand diese Art des Wasserskilaufens ohne Mühe und Schmerzen.

Entsprechend gibt es Dinge, die man tun kann, um nicht wieder so oft in sexuelle Sünden zurückzufallen (darüber später mehr). Aber Sie können nie rein werden, wenn Sie nicht bewusst auch Zeiten des Unbehagens in Kauf nehmen wollen. Da es diese immer geben wird, ist es wichtig, dass Sie auf Gott vertrauen und einen Weg beschreiten, der zur Reinheit führt.

Die im Folgenden beschriebenen Schritte sollen Ihnen dabei helfen, die Konsequenzen sexuellen Fehlverhaltens zu verstehen und Ihnen den Nutzen sexueller Reinheit klarzumachen und zu zeigen, wie Sie eine bewusste Hinwendung zu Gott vollziehen können.

Legen Sie eine Liste an!

Den meisten Männern fällt es nicht schwer, sich die Rundungen einer schönen Frau vorzustellen. Wir können im Geiste jeden ihrer Gesichtszüge und jede ihrer Körperformen genießen. Aber sich die Auswirkungen sexueller Verfehlungen vor Augen zu halten, ist gar nicht so einfach. Deshalb ist es hilfreich, wenn man eine Liste anlegt. Nehmen Sie sich ein paar Minuten Zeit, um mögliche Konsequenzen aufzulisten, die aus Ihrem bedenklichen sexuellen Verhalten resultieren könnten, falls Sie dieses fortführen sollten. Die Liste sollte auch die Konsequenzen mit einschließen, die Sie bereits am eigenen Leibe zu spüren bekamen. Und sie sollte auch den schlimmstmöglichen Fall beinhalten: dass Sie nämlich mit Ihrem Verhalten nicht aufhören.

Schmerzliche Konsequenzen, falls ich weitermache:

1. für meine Ehe/Familie:

2. für meine Arbeitsstelle:

3. für meine Gesundheit:

4. für meinen Ruf:

5. für mein Selbstbild:

6. für meine Finanzen:

7. für meine Zukunft:

**Schmerzliche Konsequenzen,
falls ich aufhöre:**

1. Langeweile

2. emotionaler Schmerz, der nicht mit Sex »abgetötet« werden kann

3. unerträgliches (intensives) Verlangen nach destruktiven Sexualpraktiken

4. _____

5. _____

Die meisten Männer, die mit einem zwanghaften sexuellen Verhalten zu kämpfen haben, kommen irgendwann in ihrem Leben an einen Punkt der Verzweiflung. Diese Entwicklung kann durch ein tragisches Ereignis oder eine Krise beschleunigt werden, z. B. dann, wenn die Ehefrau oder die Kinder dem Doppelleben des Mannes auf die Schliche kommen. Ihr Verhalten kann sie auch ihre Arbeitsstelle oder ihre Gesundheit kosten. Manchmal kann eine tiefere Verstrickung in sexuelle Sünden zu starken Schuld- und Schamgefühlen führen. All das sind Alarmsignale.

Es kann sein, dass nur noch eine sehr drastische Methode hilft, einen Mann zur Raison zu rufen. Aber ich glaube, es gibt einen viel besseren Weg. Stellen Sie sich einmal die Schmerzen vor, die die Sünde verursachen kann, wenn Sie nicht damit aufhören. Und es kann auch hilfreich sein, Ihre Gedanken in einer weiteren Liste niederzuschreiben. Es bleibt zu hoffen, dass Sie erkennen, dass der Schmerz, weiterhin in der Sünde zu verharren, größer ist als der Schmerz, wenn Sie damit aufhören. Eine solche Liste kann dazu beitragen, dass Sie sich sagen: »Es reicht jetzt. Ich will frei sein, auch wenn ich Schmerzen aushalten muss, um Freiheit zu finden.«

Wenn Sie die beiden vorgeschlagenen Listen angefertigt haben, legen Sie am besten noch eine dritte an, die den Nutzen eines moralisch reinen Lebens festhält.

Vorteile eines reinen Lebens

1. für meine Beziehung zu Gott:

2. für meine Frau:

3. für meine Kinder:

4. für meine Gesundheit:

5. für meinen Ruf:

6. für meine engsten Freunde:

7. für mein Selbstbild:

8. für meine Finanzen:

9. für meine Zukunft:

Füllen Sie die Liste vollständig aus. Verwenden Sie die möglichen Vor- und Nachteile als Ausgangspunkt für Ihre weiteren Überlegungen. Fügen Sie weitere Punkte hinzu, die auf Sie zutreffen. Wenn Sie beide Listen vergleichen, müsste deutlich werden, welche Liste die meisten Pluspunkte aufweist.

Wenn es um sexuelle Sünden geht, handeln wir Männer aber leider nicht immer logisch. Wir verhalten uns oft eher wie jener Mann, der an einem heißen Sommertag in Texas einen Graben aushob. Nachdem er mehrere Stunden gearbeitet hatte, meinte sein Kumpel zu ihm: »Wie kommt es eigentlich, dass wir uns hier draußen in der prallen Sonne für einen Hungerlohn krumm machen, während unser Chef fürs süße Nichtstun im gut klimatisierten Büro ein sechsstelliges Gehalt kassiert?«

»Das werde ich schon herausfinden«, sagte der Mann und warf seine Schippe weg. Er lief zum Bürogebäude hinüber, in dem sich die Chefetagen befanden. In wenigen Minuten stand er vor dem Firmenchef. »Warum scheffeln Sie eigentlich so viel Geld, obwohl Sie kaum etwas arbeiten? Ich muss für ein paar Mark hart arbeiten und Gräben ausheben!«

Der Firmenchef setzte ein freundliches Lächeln auf und meinte: »Kommen Sie mal mit, dann werden Sie es sehen.« Dann streckte er seine Hand vor einer Wand aus und sagte: »Versuchen Sie einmal, meine Hand mit Ihrer Faust zu treffen.«

Der Arbeiter holte mit Schwung aus und zielte mit voller Kraft auf die Hand des Firmenchefs. Gerade als er die Hand mit seiner Faust berühren wollte, zog der Chef seine Hand weg und die Faust des Arbeiters knallte auf die Wand. Als er vor Schmerzen laut aufschrie, meinte der Chef: »Jetzt wissen Sie, warum ich der Chef bin und Sie nur ein Arbeiter.«

Der Arbeiter kehrte zu seinem Kumpel zurück. Dieser fragte ihn: »Na, was hat er gesagt?«

»Ich werd's dir zeigen«, meinte der Arbeiter, als er seine Hand vor dessen Gesicht hielt. »Versuch, meine Hand so fest zu treffen, wie du kannst.«

Ich glaube, man kann sich kaum vorstellen, dass jemand so dumm sein kann. Aber wir Männer können genauso unlogisch sein, wenn es um unsere sexuellen Wünsche geht. Wir tun Dinge, die uns und denen, die wir lieben, ungeheure Schmerzen zufügen. Deshalb fordere ich Sie dazu auf, sich diesem Drang zum unlogischen Handeln bewusst zu widersetzen. Denken Sie daran, welchen Preis sexuelle Sünden haben und welchen Gewinn Sie aus einem reinen Leben schöpfen können. Treffen Sie die Entscheidung, mit Ihrem destruktiven sexuellen Verhalten aufzuhören.

Sich vom eigenen sexuellen Fehlverhalten abzuwenden, ist die erste wichtige Entscheidung, die es zu treffen gilt. Die zweite besteht darin, sich Gott zuzuwenden. Meiner Meinung nach ist das aber nicht ein Zwei-Stufen-Plan, bei dem wir zuerst die eine und dann die andere Entscheidung treffen. Beide Entscheidungen erfolgen vielmehr gleichzeitig. Ein Trapezkünstler trifft vor dem Absprung auch zwei Entscheidungen gleichzeitig: Er entschließt sich dazu, das Trapez loszulassen und sich am anderen Artisten festzuhalten. Ohne diese beiden Entscheidungen würde er in die Tiefe stürzen. Das Gleiche trifft auch auf uns zu. Wir müssen unsere Sünde bewusst loslassen und zugleich Gott ergreifen, d. h. uns ihm zuwenden.

Die Isolation überwinden

Da sexuelle Begierde auch ein geistliches Problem ist, isoliert sie uns von unserem wahren Selbst, von Gott und von anderen Menschen. Je länger wir unserer Lust freien Lauf lassen, desto isolierter werden wir auf geistlichem Gebiet. Wenn die Lust unser Leben voll im Griff hat, sind wir unfähig, mit Gott oder anderen in Beziehung zu treten. Die Sünde zielt darauf ab, unsere Persönlichkeit zu zerstören und unser geistliches Leben zu beeinträchtigen. Die Sünde will uns letztendlich töten.

Im frühen Stadium einer Abhängigkeit scheint es so, als würde das Objekt unserer Lust (das Idol) unser Leben bereichern und unserem inneren Menschen Erfüllung bringen, nach der er sich sehnt. Der Rausch der Pornografie oder einer Affäre ist überwältigend und weckt im Mann neue Lebensgeister. Aber wenn sich die Abhängigkeit zusehends steigert, entpuppt sich die berauschende Erfahrung als Fata Morgana. Die Lust frisst uns dann auf und wir bauen geistlich immer mehr ab. Damit wir wieder heil werden können, müssen wir wieder zu Gott in Beziehung treten und unser geistliches Leben pflegen.

Unsere Bereitwilligkeit, mit der wir nach einem Idol in Form eines Sexobjektes greifen, zeigt, wie sehr wir Gott brauchen. Es zeigt den Hunger in unserer Seele nach etwas, das außerhalb von uns selbst liegt. Vor Jahrhunderten schrieb Augustinus über diesen ungestillten Hunger: »Unser Herz ist unruhig, bis es Ruhe findet in dir, o Gott.«

Gott möchte Ihnen seine Ruhe schenken. Er möchte, dass Sie die Gemeinschaft mit ihm erleben, damit Sie geistlich wachsen können. Darum ermahnt Paulus uns auch, dass wir unseren Leib und unser Leben Gott hingeben als ein lebendiges Opfer (vgl. Röm 12,1).

Eine logische Entscheidung

Auch einige Jahre nach meiner Hinwendung zu Gott hatte ich noch Schwierigkeiten mit dem Konzept der Übergabe des Lebens an Gott. Der Rahmen, in dem Menschen dazu aufgefordert werden, ihr Leben Gott zu unterstellen, ist meist sehr emotionsgeladen. Nach einer bewegenden Predigt werden die Menschen dazu aufgefordert, nach vorne zum Altar zu kommen und ihr Leben Christus anzuvertrauen. Kinder und Jugendliche werden bei Jugendfreizeiten nach einer Woche intensiver geistlicher Betreuung dazu angehalten, ihr Leben Gott zu weihen.

Bitte verstehen Sie mich nicht falsch; ich habe kein Problem damit, Menschen bei solchen Gelegenheiten zu ermutigen, sich Gott zuzuwenden. Gott kann und wird unsere Gefühle dazu gebrauchen, um uns zu sich zu ziehen. Das Problem dabei ist nur, dass es mit der Entscheidung für Gott manchmal auch sehr schnell vorbei ist, sobald die augenblicklichen Emotionen abgeebbt sind.

Ich hatte einige tief gehende Glaubenserfahrungen, aus denen eine tiefere Hingabe an Gott erwachsen ist. Aber die meisten der lang anhaltenden Hinwendungen, die ich zu Gott gemacht habe, kamen daher, dass ich das genau durchdacht habe, was Gott von mir wollte, und dann – mit Gottes Hilfe und seiner Gnade – beschloss, es auch zu tun.

Der Apostel Paulus hatte einen ähnlichen Ansatz, was die Hingabe an Gott betrifft. Als er die Römer dazu ermutigte, Gott ihre Leiber hinzugeben als ein lebendiges Opfer, sagte er, dass dies ein »vernünftiger« Gottesdienst sei (Röm 12,1). In der Ursprache bedeutete »vernünftig« so viel wie »auf Logik gegründet«.

Bevor Paulus seine Ermahnung an die Römer äußerte, sagte er: »Ich ermahne euch nun, liebe Brüder, durch die Barmherzigkeit Gottes.« Paulus benutzte hier das Wort »nun« im Sinne von »deshalb«, weil er wollte, dass seine Leser alles noch einmal überdenken sollten, was er in den vorangegangenen elf Kapiteln gesagt hatte. Darin hatte er dargelegt, dass Gottes Barmherzigkeit uns Vergebung, Annahme, Befreiung von Lust, eine verheißungsvolle Zukunft und die Kraft zu einem siegreichen Leben ermöglicht.

Wenn wir uns vorstellen, was Gott alles für uns durch Christus getan hat und was er alles für uns in Christus noch tun wird, ist es da nicht vernünftig, unser Leben Gott zu weihen? Kann Pornografie oder eine Prostituierte oder eine Affäre uns das bieten? Gott allein verdient unsere Hingabe. Er allein kann seine Barmherzigkeit in unserem Leben ausgießen.

Was spricht eigentlich dagegen?

Ich kann mir vorstellen, dass es einige Gründe gibt, warum Sie sich Gott nicht zuwenden wollen.

**Sie wollen warten,
bis Sie Ihr Fehlverhalten überwunden haben**

Eine solche Haltung täuscht ein falsches Verständnis von Gottes Liebe und Macht vor. Gott fordert von uns nicht, dass wir erst unser Leben in Ordnung bringen, bevor wir zu ihm kommen. Er möchte, dass wir mit unserem zerbrochenen Herzen zu ihm kommen, damit er uns heilen kann.

Gott liebt Sie, so wie Sie sind. Seine Kraft wird Sie verändern – und nicht Ihre eigene. Jesus verglich unsere Beziehung zu ihm mit einer Rebe am Weinstock (Joh 15,1–8). Die Aufgabe der Rebe ist es dabei, am Weinstock zu bleiben und Frucht zu bringen. Die Verantwortung des Weinstockes liegt darin, die Frucht hervorzubringen. In ähnlicher Weise ist ein sexuell reines Leben eine Frucht der Verbindung zu Gott und nicht eine Vorbedingung dafür.

Der Choral, mit dem Billy Graham seine Veranstaltungen abschließt, verdeutlicht den Kern dieser Botschaft: »So wie ich bin, so muss es sein, nicht meine Kraft, nur du allein, dein Blut wäscht mich von Flecken rein. O Gottes Lamm, ich komm, ich komm!« Ein Mensch wird Christ, wenn er einfach Christus darum bittet, ihm seine Sünden zu vergeben und ihm ewiges Leben zu geben. Christus starb am Kreuz, um die Strafe für unsere Sünden zu bezahlen, und stand von den Toten auf, um uns ewiges Leben zu ermöglichen. Das Einzige, was uns noch zu tun bleibt, ist, ihm zu vertrauen. Unser Glaube bewirkt, dass seine unendliche Macht wirken kann.

Als Nachfolger Christi müssen wir uns Gott ganz zuwenden und ihm vertrauen, dass er uns verändern wird. Unser Glaube gründet sich auf seine »überschwenglich große Kraft« (Eph 1,15–23). Damit ist auch gesagt, dass wir uns nicht erst zusammenreißen müssen, bevor wir uns Gott zuwenden können.

Vielleicht sagen Sie: »Ich habe mich schon einmal Gott genähert, aber es hat einfach nicht funktioniert.«

Ich habe von unzählig vielen Männern gehört, die dachten, wenn sie sich Gott anvertrauen, würde er auch ihre sexuellen Begierden von ihnen nehmen. Als das Verlangen jedoch blieb, schlossen sie daraus, dass Gott sie hängen ließ. In Wahrheit ist es jedoch so, dass Gott unsere sexuellen Lüste nicht wegnimmt, sondern uns lediglich die Richtlinien und die Kraft gibt, die wir brauchen, um sie in den Griff zu bekommen.

Es kann sein, dass Sie sich in der Vergangenheit ernsthaft für Gott entschieden haben und nun keine Veranlassung mehr sehen, es wieder zu tun.

Wie ein Eheversprechen geschieht unsere ursprüngliche bewusste Hingabe an Gott nur einmal. Aber wie ein Eheversprechen kann auch dieser einmalige Akt aufgefrischt werden. Als Pastor habe ich gelegentlich die ehrenvolle Aufgabe, eine Hochzeitszeremonie für verheiratete Paare zu begleiten, bei der diese ihr Eheversprechen erneuern. In manchen Fällen wird das bewusst getan, um auch formell mit einer bestimmten Tat der Untreue zu brechen. Sie können einander nicht noch einmal heiraten, da sie ja bereits verheiratet sind, aber sie können ihr gegenseitiges Versprechen erneuern.

Manchmal muss ein Mann auch seine Beziehung zu Gott neu überdenken. Er muss noch einmal bewusst seine

Hingabe an Gott vollziehen, um vor Gott und auch vor sich selbst offiziell auszusprechen, dass Gott sein Herr und Meister ist.

Sie fühlen sich vielleicht zu unwürdig

Dieser Einwand bezieht sich darauf, dass man sich der Liebe Gottes unwürdig fühlt und unfähig ist, sich zu ändern. In gewissem Sinne haben Sie mit diesem Gefühl sogar Recht. Sie verdienen die Liebe Gottes tatsächlich nicht und Sie können sich auch nicht selbst ändern (Röm 3,9–20; 7,23–24; Jak 2,10).

Aber das geht nicht nur Ihnen so! Die Bibel ist voller Geschichten von Männern, die mit der Sünde zu kämpfen hatten und die sich als unwürdig erwiesen. Schauen Sie, welche Sünden den großen Männern der Bibel zu schaffen machten:

Bei Jakob war es Betrug.
Bei Mose war es Totschlag.
Bei Simson war es das starke sexuelle Verlangen.
Bei David war es sexuelles Verlangen und Mord.
Bei Petrus war es Angst.

Selbst die Männer der Bibel haben also viel falsch gemacht! Beim Christsein geht es nicht darum, perfekt zu sein und sich Gottes Gunst zu verdienen, sondern darum, ein paar Schritte zu gehen, zu stolpern, mit Gottes Hilfe wieder aufzustehen und wieder ein paar Schritte vorwärts zu gehen. Wir hoffen natürlich, mit der Zeit weniger oft zu stolpern und nicht allzu hart zu fallen. Aber eines ist sicher: Egal, wie untadelig wir sein mögen, wir verdienen Gottes Wohlwollen nicht. Und wir werden uns nie selbst ändern können. Deshalb sollten wir uns dem anvertrauen, der uns trotzdem liebt und die Macht besitzt, uns umzugestalten.

Hingabe an Gott

Wenn Sie Gott Ihr Leben anvertrauen möchten, ermutige ich Sie, es jetzt zu tun. Vielleicht hilft es Ihnen, sich vorzustellen, dass Sie der verlorene Sohn sind, der zum Vater zurückkehrt. Sie sehen Ihren Vater schon von ferne am Eingang eines großen Hauses stehen. Der Augenblick, auf den Sie zugelebt haben, ist da. Immer wieder sagen Sie sich nervös die Worte vor, die Sie sich zurechtgelegt haben. Als Sie schon ganz nahe am Haus sind, erkennt Ihr Vater, dass Sie es sind. Sofort beginnt er, auf Sie zuzulaufen. Als er näher kommt, können Sie Ihr Herz klopfen hören. Plötzlich steht er direkt vor Ihnen und blickt Sie freudestrahlend an. Ohne zu zögern, nimmt er Sie in seine Arme.

Nun sind Sie an der Reihe, Ihrem himmlischen Vater zu erzählen, was Sie falsch gemacht haben. Erzählen Sie ihm das, was Sie bedrückt, sagen Sie ihm, dass Sie bereit sind, ihm Ihr Leben zu unterstellen, weil Sie *ihm* dienen wollen – und nicht Ihrer sexuellen Lust.

Damit legen Sie Ihr Leben in seine Hände. Die Juden brachten damals Tieropfer dar. Nun aber geben Sie sich Gott hin als lebendiges Opfer. Sie geben ihm Ihren Körper, damit er ihn gebrauchen kann. Ein solches Tun ist nicht nur »vernünftig«, es ist auch zutiefst geistlich. Sie sollen Ihr Leben für ihn leben und ihm erlauben, sein Leben durch Sie zu leben. So finden Sie die Kraft, um Herr über Ihre Begierden zu werden.

Eine Glaubenskrise

Sobald Sie Ihr Leben Gott anvertraut haben, werden zwei Dinge passieren. Zum einen werden Ihnen Dinge bewusst, die Sie in Ihrem Leben ändern müssen. Am 21. August 1971 standen Cindy und ich vor dem Traualtar und gaben uns gegenseitig das Versprechen ehelicher Treue. Wir sagten »Ja« zueinander. Danach zogen wir in eine kleine Wohnung in Austin, Texas. Es dauerte nicht lange, bis wir feststellten, dass wir uns beide ändern mussten, wenn unsere Ehe gelingen sollte. Ich musste auf einige sportliche Aktivitäten und einige Stunden vor dem Fernseher verzichten und mehr Zeit für meine Frau haben. Auch Cindy musste einiges ändern.

Etwas Ähnliches geschieht, wenn wir uns Christus ganz anvertrauen. Gott zeigt uns dann Bereiche in unserem Leben, die sich ändern müssen. Es stimmt zwar, dass Gott uns so annimmt, wie wir sind, aber es ist auch so, dass er uns nie so lässt, wie wir sind. Gott wird Ihnen Gedanken und Verhaltensweisen zeigen, die sich ändern müssen, damit Sie (auf sexuellem Gebiet) ein untadeliges Leben führen können. Er wird Ihnen Dinge aufzeigen, die in Ihrem Leben keinen Platz mehr haben, wenn Sie Gemeinschaft mit Gott haben wollen.

Zum anderen werden Sie eine Glaubenskrise durchmachen, wenn Sie sich mit diesen Dingen beschäftigen. Sie müssen sich nämlich damit auseinander setzen, ob Sie ernsthaft an Gott glauben oder nur von der Idee des Glaubens an Gott begeistert sind.

In der Zeit, in der Sie nach Ihren eigenen Lüsten gelebt haben, haben Sie auf sich selbst gebaut, um Ihr Bedürfnis nach Intimität und Vergnügen zu stillen. Sie haben einem Objekt, einer Person oder einem Erlebnis (und dem Dämon, der dahinter stand) vertraut, um Ihre Sehnsüchte zu stillen. Das Loslassen wird also schmerzlich sein. Es wird genauso sein wie der Schmerz, den Sie empfinden, wenn Sie beim Wasserskilaufen mit voller Wucht vornüber aufs Wasser fallen. Sie werden sich mit allen Fasern Ihres Seins danach sehnen, nur noch einmal Ihre Lust befriedigen zu können.

An diesem Punkt werden Sie eine Glaubenskrise erleben. Werden Sie Gott dann vertrauen, dass er Ihre Bedürfnisse stillt, oder werden Sie sie selber befriedigen? Werden Sie Gott gehorchen oder nicht?

Und diese Glaubenskrise kann man nicht umgehen. Immer, wenn Gott in der Bibel einen Menschen berief, musste dieser entscheiden, ob er Gott so weit Glauben schenkte, dass er in jeder Hinsicht für ihn sorgte.

Bei Abraham bedeutete das, dass er sein Heimatland verlassen und in ein unbekanntes Land aufbrechen sollte. Abraham tat dies, weil er darauf vertraute, dass Gott ihn nicht im Stich lassen würde. Später war er bereit, Isaak zu opfern, weil er glaubte, dass Gott ihn von den Toten auferwecken konnte (Hebr 11,17–19).

Gott hat Sie dazu berufen, sich ihm ganz auszuliefern. Wenn Sie das tun, signalisieren Sie, dass Sie daran glauben, dass Gott Sie beschützen und für Sie sorgen wird. Diese bewusste Hinwendung zu Gott wird Änderungen im Denken und Tun nach sich ziehen und wird Sie schließlich auch an den Punkt führen, an dem Sie zu entscheiden haben, ob Gott Ihre Bedürfnisse stillen kann oder ob Sie lieber im Sex Ihre Erfüllung suchen wollen.

Sie werden dieses Buch wohl auch deshalb lesen, weil Sie vor Gott ein reines Leben führen wollen. Viele Männer treffen einmal eine bewusste Entscheidung für Gott und fallen dann wieder in die Sünde zurück, weil ihnen nicht klar ist, welche Veränderungen Gott von ihnen verlangt. In den noch verbleibenden Kapiteln dieses Buches werden wir einige biblische Grundprinzipien unter die Lupe nehmen, die Gott dazu benutzt, um Ihre Denk- und Lebensweise neu zu formen.

Sie können es schaffen!

In gewisser Weise ruft das Ganze in mir die Gefühle hervor, die ich hatte, als ich barfuß Wasserski lief. Ich empfinde die gleiche Vorfreude, die meinen Freund und mich immer bewegte, als wir bei Sonnenaufgang aufstanden und zum See fuhren. Nach der Ankunft liefen wir dann zum Kai hinüber und stiegen ins Boot. Eine dicke Nebelschicht hing über der Wasseroberfläche des spiegelglatten Sees.

Mein Freund träumte vom Wasserskilaufen ohne Ski, und mein Traum war es, ihm dabei zu helfen. Ich hatte alles getan, was ich konnte, um ihn auf diesen Tag vorzubereiten. Er war fest entschlossen, diese Kunst zu lernen. Ich wusste, dass er es schaffen konnte.

Ich weiß auch, dass *Sie* es schaffen können. In den nächsten Kapiteln erfahren Sie, was es mit dieser Hinwendung zu Gott auf sich hat und wie Sie ihr Leben anhand der gegebenen Hilfestellungen mit Gott meistern können.

Denkanstöße

1. Gehen Sie nochmals die beiden Listen durch, die die Konsequenzen Ihres destruktiven sexuellen Verhalten auflisten. Versuchen Sie, sich bei jeder Entscheidung diese Folgen vor Augen zu halten. Bitten Sie Gott, Ihnen die möglichen Folgen für den Fall, dass Sie weiterhin sündigen, besonders deutlich zu machen.
2. Sehen Sie sich noch einmal die Liste mit den Vorteilen an, die ein reines Leben mit sich bringt. Bitten Sie Gott, Ihnen zu helfen, die positiven Seiten eines sexuell reinen Lebens zu sehen.
3. Lesen Sie sich nochmals Römer 12,1–2 durch. Sind Sie an dem Punkt angelangt, an dem Sie bereit sind, Christus als Ihren Herrn und Meister anzunehmen? Wenn nicht, warum nicht? Bitten Sie Gott darum, sämtliche Barrieren wegzunehmen, die Sie an einer Hinwendung zu ihm hindern.
Wenn Sie Ihr Leben neu Christus anvertraut haben, sprechen Sie mit Freunden darüber. Das wird Ihnen helfen und andere ermutigen.

Kapitel 8

Entdecken Sie Ihr neues Ich!

Eine meiner Lieblingsszenen in der Serie *Star Trek – The Next Generation* beginnt damit, dass die *Enterprise* auf ein unbekanntes Flugobjekt stößt, das einen Laserstrahl auf das Raumschiff richtet. Captain Picard wird ganz plötzlich bewusstlos. Er findet sich mitten in einem kleinen Dorf auf dem Planeten Kataan wieder und hat jetzt einen neuen Namen, Kamin, und eine Frau namens Elain. Captain Picard braucht Jahre, um zu begreifen, dass er eine neue Identität hat. Und doch nimmt er mit der Zeit die Rolle Kamins an. Er wird Vater zweier Kinder, lernt Querflöte zu spielen und sucht vergeblich nach einem Ausweg, den Planeten vor dem Untergang zu retten.

Als Captain Picard auf der Brücke der *Enterprise* wieder aufwacht, sind nur 20 Minuten vergangen. In dieser Zeit hat er ein ganzes Leben mit einer völlig neuen Identität gelebt. Später übergibt ihm Commander Riker eine kleine Box, die sie in dem fremden Flugobjekt gefunden haben. Nachdem Commander Riker gegangen ist, öffnet Captain Picard die Box und findet darin seine Querflöte, die er an seine Brust drückt und dann leise zu spielen beginnt. Captain Picard erkennt, dass er Kamin geworden ist, um anderen die Geschichte von einem Planeten weitergeben zu können, dessen Bewohner vor langer Zeit ausgestorben sind.

In gewisser Weise ist diese Episode ein Bild für das, was passiert, wenn jemand ein Nachfolger Christi wird.

Nach der Begegnung mit Jesus Christus ändert sich die Identität, die Persönlichkeit eines Menschen. Zu Beginn sieht er nur, dass die Dinge jetzt anders als vorher sind, aber er weiß nicht genau, worin der Unterschied liegt. Mit der Zeit entdeckt er seine neue Identität. Er erkennt, dass er in Christus eine neue Person geworden ist. Allmählich lebt Christus sein Leben durch ihn.

Natürlich hinkt dieser Vergleich, wie alle Vergleiche es tun. Aber der Kern der Geschichte ist der: Als Sie sich Christus anvertraut haben, sind Sie ein neuer Mensch geworden, und es dauert einfach eine gewisse Zeit, bis Sie Ihre neue Identität verstehen lernen.

Wie ich bereits im letzten Kapitel angemerkt habe, wird Ihnen Gott ganz genau zeigen, wo Sie sich verändern müssen, sobald Sie sich für Christus entschieden haben. Die wichtigste Veränderung ist, dass Sie sich selbst anders sehen lernen. Nachdem wir unsere Scham ans Licht gebracht, unsere Sünden bekannt und uns Christus unterstellt haben, sind wir bereit für den nächsten Schritt. Wir sollten damit anfangen, Gott an uns arbeiten zu lassen, damit er unsere Sichtweise von uns selbst verändert. Im vorliegenden Kapitel werden wir unser Augenmerk auf diesen Veränderungsprozess richten.

Bedingungslose Annahme

Gottes bedingungslose Annahme ist nur schwer zu begreifen. Wahrscheinlich fragen Sie sich, wie er nur all die schlimmen Dinge übersehen kann, die Sie getan haben. Aber in Wirklichkeit übersieht er sie nicht einfach. Im Gegenteil: Jesus starb am Kreuz, um für all die Verfehlungen, die Sie begangen haben, den Preis zu bezahlen.

Als ich diese frohe Botschaft zum ersten Mal hörte, war ich sehr erleichtert. Meine Familie hatte selten einen

Gottesdienst besucht, und wenn wir dann doch einmal hingingen, fühlte ich mich so fehl am Platz wie ein Fußballspieler im Trikot bei einem grandiosen Schulkonzert. Ich sah mich als Sünder und alle anderen als Heilige. Ich fragte mich, was ich tun musste, um vor Gott gerecht zu sein.

Meine religiös angehauchten Freunde gaben mir alle möglichen Antworten. Einige meinten, ich müsse zur Kirche gehen. Andere wiederum sagten, ich müsse aufhören zu schwören und ein bisschen netter sein (*Wie soll ich das bloß machen?*, dachte ich bei mir selbst.). Egal, wie die Patentrezepte auch aussahen, ich hatte immer den Eindruck, ich müsste mir Gottes Gnade und Gunst irgendwie erarbeiten.

Mir wurde klar, dass ich ganz schön in Schwierigkeiten steckte, wenn der einzige Weg, Gott zu gefallen, darin bestand, schön fromm und ganz konservativ zu sein. Ich fand Kirche nämlich schrecklich langweilig, und ich konnte nicht damit aufhören, Schimpfworte zu gebrauchen. Und die Mädchen hatten es mir nun mal angetan.

Ich war begeistert, als ich entdeckte, dass das Einzige, was Gott von mir verlangte, war, seinem Sohn zu vertrauen und seine Vergebung in Anspruch zu nehmen. Ich musste nur glauben, dass Jesus durch seinen Tod meine Sünden bezahlt hat und mir durch seine Auferstehung ewiges Leben anbot (Röm 4,5; 10,9–10; Eph 2,8–9). So kam es, dass ich eines Tages Christus als meinen Erlöser annahm.

Was mich am meisten überraschte, waren die Änderungen, die sofort in meinem Leben eintraten. Gewohnheiten, gegen die ich schon jahrelang angekämpft hatte, konnte ich nun wie schmutzige, zerschlissene Kleider ablegen. Ich war mir auch sicher, dass von nun an meine »Fleischeslust« und meine schmutzige Redeweise der Vergangenheit angehören würden.

Vier Schritte zur Freiheit

Natürlich irrte ich mich gründlich. Und als meine sinnliche Lust aus ihrem Schlummer erwachte, obwohl ich ja mein Leben schon Christus anvertraut hatte, bekam ich es mit der Angst zu tun. Da fand ich in den Schriften des Paulus einige wichtige Gedanken, die meine Art, mit meinen sexuellen Begierden umzugehen, grundlegend änderten. Je mehr ich dazulernte, desto mehr wollte ich von der Macht der sinnlichen Lust befreit sein. Als ich das erlebte, was die Bibel mit »im Licht wandeln« meint, wollte ich nicht mehr in die Abhängigkeit von meinen sexuellen Begierden zurückfallen.

**Schritt 1:
Erkennen Sie Ihre Identität in Christus!**

Als Paulus seinen Brief an die Gemeinde in Rom schrieb, war er sich bewusst, dass einige behaupten würden, dass seine Botschaft von der Rettung durch den Glauben zu Gesetzlosigkeit führen würde. Seine Kritiker würden so argumentieren, dass nichts die Menschen davon abhalten könnte, ihre niederen Instinkte auszuleben, wenn Gott allen, die an Christus glauben, freimütig vergibt.

Paulus stellt diesem Denken jedoch entgegen, dass hier eine geistliche Realität verkannt wird, dass nämlich alle, die an Christus glauben, ihm in seinem Tod und in der Auferstehung gleich geworden sind (Röm 6,5). Diese geistliche Realität ist die Grundlage für unsere neue Identität. Alles, was auf Christus zutrifft (abgesehen von seinen unveräußerlichen göttlichen Eigenschaften wie seiner Allwissenheit, Allgegenwart und Allmacht), trifft auch auf uns zu. Wir sind in Christus – wie eine Seite in einem Buch. Was auf das Buch zutrifft, trifft auch auf die Seite zu.

Wie ich bereits erwähnt habe, vergleicht Jesus unsere Beziehung zu ihm mit einer Rebe am Weinstock. Als Jesus in der Nacht vor seiner Kreuzigung betete, flehte er: »Ich bitte aber nicht allein für sie, sondern auch für die, die durch ihr Wort an mich glauben werden, damit sie alle eins seien. Wie du, Vater, in mir bist und ich in dir, so sollen auch sie in uns sein« (Joh 17,20–21). Jesus spricht hier nicht nur von der Einheit der Gläubigen, sondern auch von unserer Stellung bei ihm.

Paulus schrieb an die Galater: »Ich bin mit Christus gekreuzigt. Ich lebe, doch nun nicht ich, sondern Christus lebt in mir« (Gal 2,19–20). Der alte Paulus war am Kreuz gestorben. Nun war er eine neue Person, vereint mit Christus in seiner Auferstehung.

In der Serie *Star Trek – Deep Space Nine* tritt die attraktive und brillante junge Frau Jadzia Dax – ihres Zeichens Lieutenant Commander – auf. Sie sieht aus wie jede andere Frau, mit der einzigen Ausnahme, dass eine schmale, orientalisch anmutende Musterung an der Seite ihres Gesichtes und Körpers entlangläuft. Sie ist ein Trill und gehört somit zu einer einzigartigen Rasse, deren Angehörige in einer Art Symbiose ein Mitglied einer anderen Rasse aufnehmen können, das in ihnen lebt und mit ihnen verbunden ist. Jadzia nimmt als Wirt den 300 Jahre alten Symbionten Curzon Dax auf. Ohne ihre eigene Identität oder Persönlichkeit zu verlieren, profitiert Jadzia von der Erfahrung und dem Wissen von Curzon Dax. Die beiden sind so miteinander verbunden, dass sie im wahrsten Sinne des Wortes eins sind.

Man könnte dies gewissermaßen mit dem vergleichen, was passiert, wenn wir anfangen, Christus nachzufolgen. Der Geist des lebendigen Gottes wohnt dann in uns. In geheimnisvoller Weise verbindet sich Gottes Geist mit unserem und wir werden eine »neue Kreatur« (2 Kor 5,17).

Weil wir *de facto* neue Menschen sind, wäre es unlogisch, wenn wir so weiterleben würden wie bisher. In

Christus erfahren wir die Freiheit von der Macht der Sünde und ihren »Begierden« (Röm 6,1–14). So stellt Paulus die Frage: »Wie sollten wir in der Sünde leben wollen, der wir doch gestorben sind?« (Röm 6,2). Man beachte, dass Paulus damit nicht sagt, dass unsere Sünde und unsere Begierden gestorben sind. Er sagt, *wir* seien gestorben.

Da ja bekanntlich keiner von uns eines physischen Todes gestorben ist, muss Paulus wohl auf eine andere Art von Tod angespielt haben. Er lehrte, dass alle, die an Christus glauben, »ihm gleich geworden sind in seinem Tod« und ihm in der Auferstehung gleich sein werden (Röm 6,5). Wir verlieren dadurch nicht unsere Identität, sondern Christus lebt in uns. Alles, was auf Christus zutrifft, trifft auch auf uns zu.

Diese Wahrheit hat eine lebensverändernde Kraft, weil sie eine geistliche Realität beschreibt. Sie beschreibt einen neuen Menschen.

Überlegen Sie sich kurz, was das bedeutet. Hat die Sünde Macht über Christus? Natürlich nicht! Somit hat sie auch keine Macht über Sie. Paulus möchte, dass uns allen klar wird, dass unsere Begierden nicht länger unser Leben bestimmen dürfen, da wir ja mit Christus gestorben und auferstanden sind (Vers 8 f.). Wir sind neue Menschen, die Christus gleich geworden sind. Der auferstandene Herr, der Herr des Universums, lebt in uns!

Vor einigen Jahren hörte ich die Geschichte eines Seemanns, der unter einem harten Kapitän diente. Nachdem der Seemann das Deck gereinigt hatte, wollte der Kapitän, dass er es noch einmal putzte. Nachdem er die Reling gestrichen hatte, wollte der Kapitän, dass er noch einen weiteren Anstrich auftrug.

Schließlich wurde der junge Seemann entlassen. Er musste dem Kapitän nicht länger zu Willen sein, der ihn auf Schritt und Tritt kontrolliert hatte.

Einige Wochen später lief der Seemann auf den Straßen einer Hafenstadt seinem alten Kapitän über den Weg.

Als der Kapitän ihn sah, befahl er ihm, zum Schiff zurückzukehren. Der ehemalige Seemann war so daran gewöhnt, den Befehlen des Kapitäns zu gehorchen, dass er sich sofort auf den Weg machte. Dann erinnerte er sich daran, dass er ja von der Befehlsgewalt des Kapitäns entbunden worden war. Er musste ihm nicht länger unbedingten Gehorsam leisten. Anstatt auf das Schiff zurückzukehren, schüttelte er den Kopf und ging als freier Mann davon.

Diese Geschichte illustriert vereinfacht, was Paulus uns im 6. Kapitel des Römer-Briefes zu sagen hat. Sie sind von der Macht Ihrer sündigen Begierden befreit worden. Paulus gebraucht in den ersten sechs Versen dieses Kapitels zweimal das Wort »wissen«. Der erste Schritt, Ihre neue Identität wahrzunehmen bzw. anzunehmen, besteht im Wissen. Wie Captain Picard auf dem Planeten Kataan haben auch Sie eine neue Persönlichkeit. Sie sind mit Christus verbunden und die Sünde hat keinerlei Macht mehr über Sie.

**Schritt 2: Glauben Sie,
dass Sie mit Christus lebendig sind!**

Weil Ihre Begierden Sie so lange beherrscht haben, haben Sie vielleicht jetzt das Gefühl, dass ihre Macht noch nicht gebrochen ist. Vielleicht haben Sie auch nicht das Gefühl, ein neuer Mensch in Christus zu sein. Egal, wie Sie sich auch fühlen, Sie müssen wissen, dass Christus die Macht der Sünde in Ihrem Leben zerbrochen hat. Sie müssen nicht länger Ihren sündigen Begierden nachgeben.

Weil wir »wissen«, dass die Macht der Sünde gebrochen ist, können wir uns dem Zugriff der Lust entziehen. Wenn wir glauben, dass »wir auch mit ihm leben werden« (Röm 6,8), können wir in unserem Leben vorwärts gehen. Unser Glaube, unser Vertrauen in Christus, bewirkt, dass seine unbegrenzte Macht sichtbar wird.

Jesus hat Sie zu einer engen Beziehung mit ihm berufen. All seine Kraft und sein Sieg gehören jetzt Ihnen. Diese Wahrheit ist so real, dass Paulus die Gläubigen ermahnt: »Haltet dafür, daß ihr der Sünde gestorben seid und lebt Gott in Christus Jesus« (Röm 6,11).

Vielleicht meinen Sie, Sie hätten nicht genügend Glauben, aber das stimmt nicht. Jeden Tag praktizieren Sie viel Glauben, obwohl es Ihnen nicht bewusst ist. Vielleicht besitzen Sie ein Auto, das in der Garage oder vor der Haustür steht. Unter der Haube dieses Autos verbirgt sich ein Motor. Ich nehme an, Sie steigen jeden Tag in Ihr Auto, stecken den Schlüssel ins Zündschloss und starten den Motor.

Dieser Vorgang setzt einen gewissen Glauben in das Auto, den Schlüssel und Motor voraus. Es mag Tage geben, an denen das Auto dreckig ist und so aussieht, als würde es keinen Meter weit mehr fahren. An anderen Tagen ist Ihnen vielleicht nicht nach Fahren zumute. Aber egal, wie das Auto aussieht oder wie Sie sich fühlen, der Motor wird, wenn das Auto betriebsbereit ist und Sie den Schlüssel im Zündschloss umdrehen, anspringen. Das Auto wird Sie dorthin bringen, wohin Sie wollen.

Die Macht Christi über die Sünde wird Ihnen nichts nützen, solange Sie sie nicht einsetzen. Wenn Sie sie in Anspruch nehmen, tun Sie das in dem Wissen, dass alles, was auf ihn zutrifft, auch auf Sie zutrifft, und in dem Vertrauen, dass er in Ihnen lebt.

Schritt 3:
Geben Sie sich selbst Gott hin!

Natürlich wissen Sie, wie man einen Motor startet, aber Sie sind sich vielleicht nicht ganz sicher, wie Sie Christi Kraft in Anspruch nehmen können.

Paulus gibt konkrete Anweisungen: Wir sollen alle Glieder unseres Körpers Gott als »Waffen der Gerechtigkeit« hingeben (Röm 6,13).

In dem Moment, in dem Sie versucht sind, eine pornografische Zeitschrift zu lesen, im Internet nach erotischen Bildern zu surfen, mit einer Kollegin zu flirten oder eine Striptease-Bar aufzusuchen, treffen Sie eine Entscheidung, die darauf gründet, welches Bild Sie von sich selbst haben. Wenn Sie sich als Sklaven der Sünde sehen, der unfähig ist, zu seinen sündigen Begierden Nein zu sagen, werden Sie wahrscheinlich den Befehlen Ihres Herrn und Meisters – der sinnlichen Lust – gehorchen.

Wenn Sie sich hingegen als Mensch sehen, der von der Macht der Sünde befreit ist, werden Sie sich ganz Gott unterstellen und der Versuchung aus dem Wege gehen.

Wie äußert sich Ihr Glaube an Ihr Auto? Sie steigen ein, lassen den Motor an und fahren davon. Mit anderen Worten: Ihr Glaube zeigt sich in Ihrem Tun. Entsprechend zeigt sich Ihr Glaube an Christus darin, dass Sie sich in Versuchungen an ihn wenden und ihm vertrauen, dass er Ihnen die Kraft gibt, die Sie brauchen, um ihm gehorsam zu sein.

Wenn Sie das nächste Mal von Ihren sexuellen Leidenschaften gepackt werden, wenden Sie sich davon ab und schauen Sie auf Christus. Versuchen Sie nicht, aus sich selbst heraus gegen Ihre Lust anzukämpfen. Wenden Sie sich stattdessen an Gott und sagen Sie: »Vater, danke, dass du mich von meinen sündigen Begierden befreit hast. Danke, dass du mir die Kraft Christi gibst. Gerade jetzt vertraue ich Christus, damit ich den Sieg erfahre, den er mir geschenkt hat.«

Wenn Sie versuchen, aus Ihrer eigenen Kraft gegen die Lust anzukämpfen, werden Sie verlieren. Sie ist übermächtig. Bitten Sie doch Christus, für Sie zu streiten!

Als 14-Jähriger blickte Ron Kompton, ein Mitschüler von mir, verächtlich auf mich herab. Mit seinen 1,90 m und 115 kg wirkte er wie ein Riese unter Zwergen. Ich dagegen war mit meinen 1,70 m und 65 kg eher schmächtig. Und Rons Faust war fast genauso groß wie mein Kopf.

Eines Abends hatte sich Ron zu einer Party verspätet. Als er bemerkte, dass ich auch da war, machte er mich nieder. In wenigen Minuten warf er mir alle möglichen Schimpfworte an den Kopf. Irgendwie schaffte er es, mich in den Vorhof hinauszuschubsen, und mir war klar: Dort würde er aus mir Hackfleisch machen.

Dummerweise ließ ich alles mit mir machen. Es fehlte nur noch, dass ich vor ihm auf die Knie fiel und wie ein kleines Kind um Erbarmen winselte. Ich hätte alles getan, was mich aus seiner Hand befreit hätte.

Als wir mittlerweile von ungefähr 30 Jungs umringt im Hof standen, die uns anfeuerten, kam plötzlich in der Kurve ein Auto mit quietschenden Reifen zum Stehen. Einen Augenblick später fiel die Autotür zu und jemand schrie: »Kompton!«

Ich erkannte die Stimme. Es war mein bester Freund, Mike Temple. Mike war der Einzige weit und breit, der stärker und kräftiger war als Ron Kompton. Auf der High School hatte Mike schon zweimal als Angriffsspieler in der Football-Nationalmannschaft gespielt. Er war ein zäher Bursche und liebte Kämpfe.

Mike bahnte sich schnell einen Weg durch die Menschentraube um mich herum. Er ging auf Ron zu, schob ihn zur Seite und schnauzte ihn an: »Kompton, solltest du Bill auch nur ein Haar krümmen, bekommst du es mit mir zu tun!«

Ich spürte wieder Mut in mir aufsteigen und trat Ron entschlossen entgegen: »Ich hoffe, dass damit alles ein für alle Mal klar ist zwischen uns, Kompton. Schreib dir das in Zukunft hinter die Ohren.«

Ron fing an, sich zu winden und so zu tun, als hätte er nicht gewusst, dass Mike und ich gute Freunde wären. Mike machte ihm klar, dass er mich künftig in Ruhe zu lassen hätte.

Für mich ist diese schöne Geschichte ein Bild dafür, wie Jesus für mich kämpft. Ich muss keine demütigenden

Niederlagen mehr einstecken. Durch den Glauben wissen wir, dass Christus uns von der Sünde und unseren sündigen Trieben befreit hat. Unsere Verbindung zu ihm ist der Ursprung unserer Selbstdisziplin. Wir müssen nur glauben, dass wir ihm gleich sind und dass er der Grund für unseren Sieg ist. Wir müssen uns auf seinen Sieg stellen.

Schritt 4: Geben Sie Ihren sündigen Trieben keine Chance!

Wenn wir über unsere sexuelle Lust siegen wollen, müssen wir nicht nur *wissen,* dass wir Christus gleich geworden sind und in ihm den Sieg haben. Die Schlacht wird nämlich nicht durch das Wissen allein gewonnen und auch nicht dadurch, dass wir Zugang zur Macht Christi haben. Wir müssen auch wachsam sein und dürfen unseren ungebremsten Trieben keinen Raum in unserem Leben geben.

Paulus schreibt: »Wem ihr euch zu Knechten macht, um ihm zu gehorchen, dessen Knechte seid ihr und müßt ihm gehorsam sein, es sei der Sünde zum Tode oder dem Gehorsam zur Gerechtigkeit« (Röm 6,16).

Man kann sehr leicht in das Denken verfallen: »Eine kleine Sünde macht doch nichts. Ein Blick auf ein aufreizendes Bild schadet doch nicht. Auf einen kleinen Flirt kommt es doch nicht an.« Paulus' Botschaft ist dagegen unmissverständlich: *Eine* sündige Tat führt bereits zur Knechtschaft.

Wenn Sie bei Christus nach dem Sieg über Ihre Triebe suchen, kann es sein, dass die zerstörerisch wirkenden Begierden für eine Weile »Winterschlaf halten«. Sie denken vielleicht, dass eine gelegentliche Erfahrung auf sexuellem Gebiet noch akzeptabel ist, solange Sie sich gewisse Grenzen setzen. Vielleicht drängt sich Ihnen auch der Gedanke auf, dass eine Gelegenheitssünde ja nicht schaden kann, wo doch Gott Ihnen ganz und gar vergeben hat.

Paulus sagt dazu: »Nein! Schon eine kleine Sünde führt zur Versklavung.« Letztlich bestimmen Sie durch Ihre Entscheidungen, wer Ihr Herr und Meister ist. Wenn Sie auch nur ein klein wenig nachgeben, wirkt sich das zerstörerisch auf Ihr Leben aus. Wenn Sie sich hingegen Christus anvertrauen, werden Sie von ihm bestimmt.

Drei Kennzeichen eines siegreichen Lebens

Bevor Sie weiterlesen, möchte ich das Gesagte nochmals zusammenfassen. Es gibt drei wichtige Punkte, die dabei helfen können, dass ein neu gewordener Mensch den Sieg über die sexuelle Lust erringen kann. Vielleicht können Sie sich diese einmal laut vorlesen und wiederholen, bis sie sich Ihnen eingeprägt haben.

Perspektive

Ich bin ein neuer Mensch. Ich habe ein neues Verhältnis zu meiner Sexualität. Ich bin mit Christus verbunden und die Macht meiner sündigen Natur ist gebrochen. Ich muss ihren Befehlen nicht länger Folge leisten.

Wenn ich das nächste Mal negative Selbstgespräche führe und dabei in meiner Schuld und Scham schwelge, will ich Gott danken, dass er mich davon befreit hat. Ich werde darüber nachdenken, was es heißt, in Christus zu leben.

Präsenz

Ich bin mit meinen Schwierigkeiten nicht allein. Es gibt einen, der mir zur Seite steht, der meine Schwachpunkte kennt und mich so akzeptiert, wie ich bin: Jesus Christus, mein Erlöser. Wenn ich mich das nächste Mal einsam fühle, will ich mich daran erinnern, dass Christus bei mir ist. Anstatt nach einem sexuellen Erlebnis Ausschau zu halten, um mein Bedürfnis nach Nähe und Intimität zu befriedigen, will ich mich an Christus orientieren.

Power

Ich habe die Macht des auferstandenen Christus, der in mir lebt. Ich muss nicht allein gegen meine sexuellen Begierden ankämpfen. Ich muss ihren Verlockungen nicht selbst widerstehen. Wenn ich versucht werde, kann ich mich an Christus wenden und ihm vertrauen, dass er mir seine Auferstehungskraft schenkt.

Perspektive, Präsenz und Power sind die drei Merkmale, die meine neue Identität kennzeichnen. Aber um frei zu sein, bedarf es eines weiteren Elementes. Im nächsten Kapitel wird es um eine Strategie gehen, wie Sie künftig befreit leben können.

Denkanstöße

1. Wenn ein Mann Christus als seinem Retter vertraut, heißt das dann, dass er alle Probleme im Bereich der Sexualität *ad acta* gelegt hat? Wenn ja, warum, wenn nein, warum nicht?
2. Was für eine neue Identität haben Sie erlangt, als Sie Christ wurden? Warum hat die Sünde keine Macht mehr über Sie, obwohl Sie immer noch ein Sünder sind?
3. Welche Schritte können Sie unternehmen, damit Sie den Sieg über Ihr sexuelles Verlangen erringen können?

4. Warum ist es so gefährlich, der sexuellen Lust auch nur ein klein wenig nachzugeben? Inwiefern lassen Sie Ihrem Verlangen Schlupflöcher? Wie können Sie das verhindern?
5. Welches sind die drei geistlichen Merkmale eines siegreichen Lebens über die sexuelle Sünde? Wie können diese Ihnen im Einzelnen helfen?

Kapitel 9: Durchbrechen Sie den Teufelskreis der Abhängigkeit!

Gerade, wenn Sie meinen, Sie seien vor einem feindlichen Angriff sicher, müssen Sie sich besonders in Acht nehmen. Im Falkland-Krieg dachte die Britische Marine auf Grund eines ausgeklügelten Sicherheitssystems, das feindliche Raketen erkannte und abschoss, dass ihre Schiffe vor Angriffen sicher seien. Angriff um Angriff wurde abgewehrt, ohne dass die britische Flotte Schaden nahm.

Und dann geschah das Unerwartete. Der 3 500 Tonnen schwere britische Zerstörer HMS Sheffield wurde von einer einzigen Rakete versenkt, die von einem argentinischen Kampfflugzeug abgeschossen worden war. Es wurden kritische Stimmen laut, die die Frage aufwarfen, ob moderne Kriegsschiffe nicht zu veraltet seien und ob sie für die heutigen taktischen Luft- und Bodenwaffen nicht eine allzu leichte Beute darstellten.

Die Überraschung war noch größer, als eine Untersuchung ergab, dass das Abwehrsystem der Sheffield die abgefeuerte Rakete registriert hatte. Der Bordcomputer hatte sie korrekterweise als *Exocet* französischer Bauart identifiziert. Aber der Computer war darauf programmiert, Raketen diesen Typs als nicht-feindliche Waffe einzustufen und zu ignorieren. Der Computer hatte also nicht erkannt, dass die Rakete von einem feindlichen Stützpunkt aus abgefeuert worden war. So wurde das Schiff von einer Rakete versenkt, die es kommen sah und die es hätte abwehren können.

Manchmal denke ich, dass wir Männer, die wir in unserer heutigen Gesellschaft auf sexuellem Gebiet rein sein wollen, mit großen Schlachtschiffen zu vergleichen sind, die auf offener See treiben. Unser Untergang ist sozusagen schon vorprogrammiert durch die andauernde Bombardierung mit »sinnlichen Raketen« – oder sollte ich besser »Sexbomben« sagen? –, die jeden Tag auf uns abgefeuert werden. Unsere Situation wird nur noch verschlimmert durch unser lückenhaftes Verteidigungssystem, das es diesen Raketen oft ermöglicht, unseren Geist zu durchdringen, Raketen, die wir kommen sehen sollten und eigentlich vermeiden könnten.

Ich vermute, Ihnen ist auch bewusst, dass sich die Situation in den vergangenen Jahren verschlimmert hat. Durch die Verbreitung der Pornografie ist es heute weitaus schwerer, »anständig« zu bleiben, als das früher der Fall war.

In einer Titelgeschichte des *U.S. News & World Report* hieß es, dass laut *Adult Video News*, einem Industrie- und Handelsblatt, die Zahl der Hardcore-Film-Ausleihen von 75 Millionen im Jahr 1985 auf 490 Millionen im Jahr 1992 angestiegen sei. Diese Zahl stieg im Jahr 1996 weiter an auf 665 Millionen Video-Ausleihen. Im selben Jahr gaben die Amerikaner mehr als 8 Milliarden Dollar für Hardcore-Videofilme, Peepshows, Telefonsex, Gebühren für nicht jugendfreie Sendungen im Kabelprogramm, einschlägige Hilfsmittel und Gegenstände zur sexuellen Betätigung, Computerpornos und pornografische Zeitschriften aus. Diese Zahl ist »bei weitem größer als Hollywoods Kasseneinnahmen im Inland und größer als alle Tantiemen aus Rock- und Country-Musik-Aufnahmen.«[1] Wenn Sie das überraschen sollte, bedenken Sie, dass Amerikaner insgesamt mehr Geld in Stripteaselokalen ausgeben als am Broadway und für Theatervorführungen, die Oper, das Ballett oder für Jazz- und klassische Konzerte.[2]

Der Soziologe Charles Winick bemerkte, dass sich die sexuelle Kultur Amerikas innerhalb von zwei Jahrzehnten grundlegender geändert hat als in den vergangenen zwei Jahrhunderten. Es ist gerade mal 25 Jahre her, seit eine nationale Studie zur Pornografie den gesamten Einzelhandelsverkaufswert von Hardcore-Pornos in den USA auf 5 bis 10 Millionen Dollar schätzte.[3]

Die Männer, die heute im westlichen Kulturkreis leben, können sich diesem Einfluss der sexuellen Reizüberflutung nicht entziehen. Während ein Mann früher durch die ganze Stadt fahren musste, um eine Oben-ohne-Bar zu finden, wird ihm das heute bequem in seinen eigenen vier Wänden geboten. Dabei wird uns zudem eingetrichtert, dass es gesund und nur allzu natürlich sei, allen unseren sexuellen Launen auf jede erdenkliche Art nachzugeben.

Wäre es da nicht großartig, wenn Gott Sie sozusagen mit einem undurchdringbaren Kraftfeld, einer Art Schutzschild, umgeben würde, das Sie von allen anstößigen, sexuellen Bildern abschirmen würde?

Leider existiert ein solches Kraftfeld nicht. Deshalb müssen Sie Ihr persönliches Schutzsystem aufbauen, um Ihre sexuelle Unschuld zu schützen, ein System, das Sie in die Lage versetzen soll, die vielen gefährlichen Situationen zu erkennen und zu vermeiden, die in unserer von Sex besessenen Gesellschaft auftreten. Dazu möchte ich Ihnen in diesem Kapitel verhelfen. Damit Sie ein solches Schutzsystem aufbauen können, werden wir zunächst den Teufelskreis der Zwänge und der Sucht näher beleuchten und danach eine Strategie entwickeln, um diesen zu durchbrechen.

Der Teufelskreis nach Jakobus

Wir haben bereits festgestellt, dass wir alle sündige Begierden in unserem Herzen haben. Diese Begierden sind nur auf ein Ziel ausgerichtet: die sexuelle Befriedigung um jeden Preis. Als ich noch ein Kind war, sagte mein Vater einmal über die Gewissenlosigkeit von Männern: »Bei manchen Männern sitzt das Gehirn im Schwanz.« Ich denke, er hatte Recht. Wenn die Lust eines Mannes erst einmal erregt worden ist, geht jeglicher Sinn für Recht und Unrecht verloren. Ein Mann kann alles für einen einzigen Augenblick des sexuellen Vergnügens opfern.

Unsere Hingabe an Gott ist wertlos, wenn es um die sexuelle Lust geht. Denn ein Mann, der von seinem Fleisch (seiner sündigen Natur) beherrscht wird, ist unfähig, Gott zu gehorchen. Paulus pflichtete dem bei, als er sagte: »Denn fleischlich gesinnt sein ist Feindschaft gegen Gott, weil das Fleisch dem Gesetz Gottes nicht untertan ist; denn es vermag's auch nicht. Die aber fleischlich sind, können Gott nicht gefallen« (Röm 8,7–8).

Im letzten Kapitel ging es um die neue Identität und Natur, die wir in Christus haben (2 Kor 5,17). Wir haben gesehen, dass die Macht unserer sündigen Natur gebrochen ist, wenn wir uns Christus anvertrauen und er in uns wohnt. Das Problem dabei ist nur, dass ein Kampf um die Herrschaft in unserem Leben entbrannt ist. Unsere sündigen Begierden stehen im Kampf gegen unsere neue Natur. Sobald wir unseren sexuellen Wünschen nur im Geringsten nachgeben, werden sie unser Leben dominieren.

Wenn wir dies verhindern wollen, müssen wir uns bewusst machen, dass unsere lustvollen Begierden auch unser ganzes Denken ständig angreifen. Das »Angriffsschema« ist immer gleich, weil es so erfolgreich ist. Glücklicherweise hat uns Jakobus den Schlachtplan des Feindes aufgezeigt. Wenn wir diesen Plan verstanden haben, können wir eine Strategie entwickeln, mit deren Hilfe wir ihn bekämpfen und besiegen.

In einem der vorangegangenen Kapitel erwähnte ich die vier Stadien des Teufelskreises der Zwänge und der Sucht: Fantasien, Ritualisierung, Ausleben und Wiederholungszwang. Nun wollen wir uns diesen Zyklus der Abhängigkeit einmal mit den Augen von Jakobus betrachten. Die Stadien, von denen er spricht – der Reiz, die Empfängnis, Geburt und der Tod –, gleichen denen des Teufelskreises der Sucht. Schon vor etwa 2 000 Jahren beschrieb er zutreffend und warnend den Teufelskreis, mit dem wir auch heute noch zu kämpfen haben.

Fantasien/Reiz

Jakobus schreibt: »Ein jeder, der versucht wird, wird von seinen eigenen Begierden gereizt und gelockt« (Jak 1,14). In der Ursprache stammen die Worte für »gereizt« und »gelockt« aus dem Bereich des Angelns. Und es heißt dort, dass der Fisch aus seinem Versteck gelockt und von einem reizvollen Köder angezogen wird.

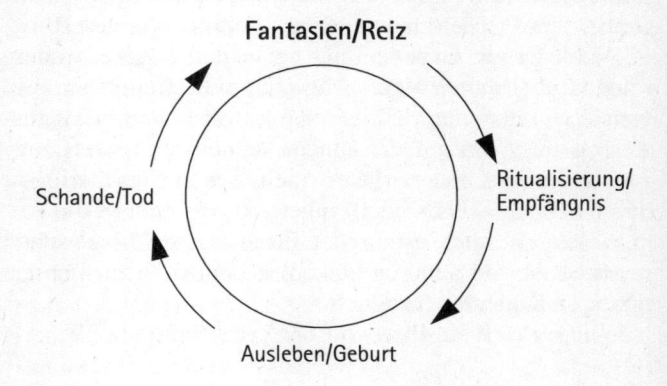

Fantasien/Reiz

Ritualisierung/Empfängnis

Ausleben/Geburt

Schande/Tod

Profi-Angelsportler wissen, wo die dicken Fische zu finden und wie sie am besten zu fangen sind. Mein Freund Mark ist beispielsweise ein geübter Angler. Er hat Jahre damit verbracht, die besten Fischgründe im nordwestlichen Pazifik aufzuspüren.

Eines frühen Morgens stiegen mein ältester Sohn Ryan und ich in Marks Auto, denn dieser wollte uns zeigen, wie man an die dicken Fische herankommt. Nachdem wir einige Stunden gefahren waren, kamen wir an einen Fluss in einem unerschlossenen Waldgebiet von Oregon. Wir bahnten uns einen Weg auf einem von Bäumen umsäumten Pfad zu einem Felsvorsprung, der einen Gebirgsstrom überragte.

»Hier gibt es Regenbogenforellen«, erklärte Mark und zeigte auf das tiefe, träge dahinfließende Wasser unter uns. »Hängt einen Köder an euren Haken, so wie ich es euch gezeigt habe, und werft die Schnur aus. In null Komma nichts habt ihr einen Fisch an der Angel.«

Und tatsächlich, in kurzer Zeit bog sich Ryans Angelrute durch und seine Rolle quietschte, als ein Fisch mit dem Haken im Maul versuchte davonzuschwimmen. Als Ryan seine Schnur einholte, ragte eine fast einen Meter große Regenbogenforelle aus dem Wasser. »Mann, o, Mann, schau dir das an!«, brüllte er. Eine Stunde später hatten wir bereits vier Fische erbeutet. Ryans Forelle wog fast 10 kg.

Mark ist ein Experte im Angeln und könnte bequem seinen Lebensunterhalt als Angelführer bestreiten. Er weiß genau, wie man den richtigen Köder vor einem Fisch auswerfen muss, um ihn aus seinem Versteck zu locken.

Da der Fisch den Haken nicht sehen kann, wird er durch den Reiz des Köders angelockt und geht in die Falle. Selbst ein alter, erfahrener Fisch, dessen Maul schon vernarbt ist von anderen Haken, ist immer noch für den richtigen Köder empfänglich.

Wie reagiert ein Fisch auf die Versuchung?

- Er schwimmt um den Köder herum.
- Er redet sich ein, dass keine Gefahr besteht.
- Er glaubt, dass er nicht geschnappt wird.
- Er sagt sich, dass er anbeißen kann, auch ohne den Haken zu erwischen.

Genau das passiert uns auch im ersten Stadium des Teufelskreises. Der Teufel hält uns ein aufreizendes Bild vor Augen. Das kann eine erotisch wirkende Werbung in einer

Zeitschrift oder auf einem Reklameschild sein, eine bestimmte Adresse im Internet, eine erregende Szene im Fernsehen oder eine flirtende Mitarbeiterin. Weil diese bösen Geister die Macht haben, ein Objekt der Lust so ins Licht zu rücken, dass es eine übernatürliche Anziehungskraft besitzt, erfährt unser Lustobjekt einen zusätzlichen Glanz und Reiz.

Und augenblicklich flüstert unsere gefallene Natur: »Sieht gar nicht so übel aus! Es schadet bestimmt nicht, wenn du es mal ausprobierst. Du wirst schon sehen, wie gut es ist. Du hast es dir schließlich verdient.«

Ohne großen Widerstand zu leisten, hören wir nur zu gern auf die Lügen unserer Lust und glauben ihnen auch noch. Wir machen uns vor, wir könnten mit dem Köder spielen, ohne uns im Haken zu verfangen, und werden blind für die Gefahr des Hakens und der Hand, die die Rute hält.

An diesem Punkt müssen Sie entschieden eingreifen. Konkret bedeutet das: Sie müssen damit aufhören, Ihren sexuellen Tagträumen von Liebesaffären, Stripteaselokalen oder allem, was sonst Ihre Sinneslust erregt, nachzuhängen. Wenn Sie sich dabei ertappen, dass Sie bestimmten Fantasien nachhängen, ziehen Sie die Notbremse!

Als Satan Jesus in der Wüste auf die Probe stellte, ließ er sich gar nicht erst auf die Angebote des Teufels ein, auch wenn diese sehr verlockend waren und Bereiche ansprachen, in denen Jesus ein großes Bedürfnis hatte. Jesus hatte 40 Tage lang nichts gegessen, als Satan ihn drängte, Steine in Brot zu verwandeln. Jesus hätte argumentieren können: »Warum eigentlich nicht? Schließlich ist Hunger ein legitimes menschliches Bedürfnis, und ich habe die Macht, aus Steinen Brot zu machen.« Jesus hätte den Vorschlag seines Feindes in Betracht ziehen können. Aber wenn Sie den Bericht im 4. Kapitel des Matthäus-Evangeliums lesen, werden Sie feststellen, dass zwischen Satans Versuchung und Jesu Antwort keine zeitliche Lücke klafft. Jesus zitierte sofort die Schrift und wies den Angriff zurück.

Eine solche Reaktion auf die Versuchung erfordert geistige Wachsamkeit. Petrus gab uns die Anweisung: »Umgürtet die Lenden eures Gemüts, seid nüchtern und setzt eure Hoffnung ganz auf die Gnade, die euch angeboten wird in der Offenbarung Jesu Christi. Als gehorsame Kinder gebt euch nicht den Begierden hin, denen ihr früher in der Zeit eurer Unwissenheit dientet« (1 Petr 1,13-14).

Um der Versuchung gleich im Anfangsstadium entgegenzutreten, bedarf es der Vorbereitung, der Selbstdisziplin und der Konzentration auf Christus. Wie können wir das bewerkstelligen? Zum Teil dadurch, dass wir Verse aus der Bibel auswendig lernen. Wie Jesus müssen wir die Schrift dazu gebrauchen, um mit der Versuchung fertig zu werden. Ich habe festgestellt, dass ich bei Versuchungen einen klaren Blick bekomme, wenn ich lange Schriftpassagen auswendig gelernt habe. Wenn ich mir beispielsweise ein oder zwei Abschnitte vorsage, wird mein Geist dadurch gestärkt und mein Kopf wieder frei.

Der Grund, warum das so gut funktioniert, liegt darin, dass Gott die Bibel dazu benutzt, uns die Gefahr des Köders deutlich vor Augen zu stellen. Für den Fisch sieht der Köder bzw. das Lockmittel ganz echt aus. Es vermittelt den Eindruck, als sei es echte Nahrung. Desgleichen vermittelt das Objekt unserer Lust den Eindruck von Nähe und Vertrautheit. Es gaukelt uns Vergnügen vor und behauptet, die Leere unseres Herzens füllen zu können. Wenn wir aber über die Wahrheit der Schrift nachdenken, hilft uns das, die Illusion als solche zu erkennen. (In Kapitel 13 werden wir einige Schriftstellen näher beleuchten, die in diesem Zusammenhang sehr hilfreich sind.)

Es gibt jedoch noch einen weiteren Grund, warum das Betrachten des Wortes Gottes uns helfen kann, den Teufelskreis zu durchbrechen. Wir können nicht über mehrere Sachen gleichzeitig nachdenken. Solange wir in unserem Geiste Bibelverse wiederholen, sind wir von der Versuchung, sei es in Gedanken, Worten oder Taten, abgelenkt.

Natürlich kann es vorkommen, dass Sie derart versucht werden, dass Sie überhaupt nicht widerstehen, sondern lieber Ihren Fantasien nachhängen wollen. Wenn Sie jedoch wirklich auf Christi Sieg bauen möchten, ist es von entscheidender Bedeutung, was im Moment der Versuchung in Ihnen abläuft bzw. welche Art Selbstgespräche Sie führen. Sie sollten sich nicht unablässig einzureden versuchen, dass Sie nicht darüber nachdenken wollen und können.

Wenn Sie nämlich so denken, öffnen Sie der Versuchung Tor und Tür und konzentrieren sich eher auf das, was Sie nicht denken wollen, anstatt auf das, was Sie denken sollten. Wenn mir jemand sagen würde, ich sollte mir nie bildlich weiße Elefanten vorstellen, und ich würde immer wieder zu mir selbst sagen: »Ich werde nicht über weiße Elefanten nachdenken. Ich werde nicht über weiße Elefanten nachdenken«, was tue ich dann anderes, als über weiße Elefanten nachzudenken?

Je mehr ich so mit aufreizenden sexuellen Bildern und Fantasien verfahre, desto mehr denke ich über sie nach und desto mehr werde ich erregt und versucht.

Dagegen versuche ich einzuüben, mir im Augenblick der Versuchung vorzusagen: »Danke, Herr, dass du mich davon befreit hast. Ich blicke jetzt in diesem Moment auf Jesus und vertraue ihm, dass er in mir lebt. Ich vertraue ihm jetzt, dass er sein Wort dazu gebraucht, mein Denken zu erneuern.« Nachdem ich dieses Gebet gesprochen habe, fange ich an, in der Schrift zu lesen.

Wenn wir die Versuchung nicht gleich an der Wurzel packen, wird sie weiter um sich greifen und in ein weiteres Stadium eintreten.

Ritualisierung/Empfängnis

Nachdem Jakobus den Teufelskreis der Versuchung in seinem Anfangsstadium beschrieben hat, wechselt er die bildliche Vergleichsebene. Er benutzt nun nicht länger die Terminologie des Fischfangs, sondern spricht von dem Vorgang der Geburt und schreibt dazu: »Danach, wenn die Begierde empfangen hat, gebiert sie die Sünde« (Jak 1,15).

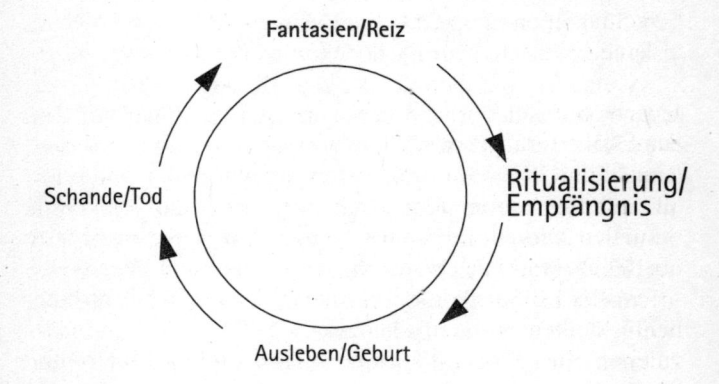

```
                    Fantasien/Reiz

                          ↑                  ↘
                                                Ritualisierung/
        Schande/Tod                             Empfängnis
                          ↖                  ↙
                                    ↓

                    Ausleben/Geburt
```

Im Stadium der Empfängnis fangen wir an, unsere Gedanken mit Leben zu füllen. Die Taten beginnen, sich in unseren Gedanken festzusetzen, und tragen langsam Früchte. Wenn dieses Stadium erst einmal erreicht ist, ist es nahezu unmöglich, die Versuchung nicht auszuleben.

Wie eine schwangere Frau, die schon Kleidung für ihr Baby kauft, so nehmen wir die sündige Tat in Gedanken vorweg. Obwohl wir die Tat noch nicht »geboren« haben, führen wir schon die ihr vorausgehenden Rituale aus.

Nichts ist wichtiger für einen Mann, der Befreiung von seiner sexuellen Lust erfahren will, als die Rituale zu erkennen, die einer solchen Tat vorausgehen. Einige der Rituale, von denen Männer mir berichtet haben, sind:

▶ im Internet zu surfen,
▶ an einem Stripteaselokal vorbeizufahren,
▶ Kontaktanzeigen zu lesen,

- sich in den einschlägigen Regalen einer Videothek umzuschauen,
- mit seiner Ex-Freundin auszugehen,
- im Fernsehprogramm hin- und herzuschalten,
- sich im Rotlicht-Milieu aufzuhalten,
- nur aus Neugierde oder der Information halber die einschlägigen Telefon-Hotlines anzuwählen,
- eine Bekannte zum Essen auszuführen.

Jeder von uns hat seine eigenen ausgeprägten Rituale. Um zur Freiheit zu gelangen, müssen wir die Routine dieser Rituale durchbrechen. Dazu ist es hilfreich, sich eine Liste all dieser Rituale anzulegen, die zu einem verhängnisvollen sexuellen Verhalten führen. Danach ist es ratsam, sich zu überlegen, wie man diesen Ritualen beikommen kann.

Wollen Sie die Sünde vermeiden, müssen Sie »abstinent« bleiben und damit aufzuhören, Ihre Fantasien auszuleben. Sie müssen willens sein, alles in Ihrer Macht Stehende zu tun, um sich von der Sünde fern zu halten. Wenn Sie auch nur an einem einzigen bestimmten Ritual festhalten wollen, wird das Ihre Lust steigern.

Ich kenne z. B. einen Mann, der das Kabelfernsehen aus seinem Haus verbannt hat. Als weitere Vorsichtsmaßnahme hat er sich selbst zum Ziel gesetzt, nach zehn Uhr abends nicht mehr fernzusehen, es sei denn in Anwesenheit seiner Frau. Wenn ich unterwegs bin, vermeide ich es, im Hotelzimmer den Fernseher einzuschalten. Dadurch umgehe ich das Ritual des häufigen Programmwechsels. Ein Mann, der regelmäßig in ein Bordell ging, erzählte mir, er nehme extra einen Umweg zur Arbeit in Kauf, um nicht durch ein bestimmtes Viertel fahren zu müssen. (In Kapitel 13 werde ich Ihnen noch eine Tabelle vorstellen, in die Sie Ihre eigenen Rituale eintragen können.)

Vor kurzem habe ich mich bei einem neuen Onlinedienst (»Integrity Online«) angemeldet, der den Zugang zu pornografischen Webseiten im Internet blockiert.

Das sind nur einige Beispiele für konkrete Schritte, die wir unternehmen können, um der Sünde entgegenzutreten.

Wenn Sie Ihre Liste ausfüllen und sich darauf vorbereiten, mit Ihren Ritualen zu brechen, wird Ihre sündige Natur rebellieren. Sie wird zwar nicht als Feuer speiendes Ungeheuer auftauchen, das Ihr Leben zerstören will, sondern eher als harmloser Drache in Erscheinung treten. Ihre Leidenschaften werden versuchen, Ihnen einzureden, dass Sie doch wenigstens ein Ritual – Ihr Lieblingsritual – beibehalten sollten. Ihre sündhafte Natur flüstert Ihnen ein, dass sie auch nie nach mehr verlangen wird und dass solche Vorsichtsmaßnahmen völlig unnötig sind.

Darum müssen Sie den Überredungskünsten Ihrer sündhaften Natur vorgreifen und sich vornehmen, sie nicht zu beachten. Gehen Sie nach der Liste vor und seien Sie unerbittlich. Stellen Sie jedes Ritual bloß, das Ihre Lustgefühle nähren könnte. Ansonsten wird es unausweichlich zur nächsten Stufe kommen.

Ausleben/Geburt

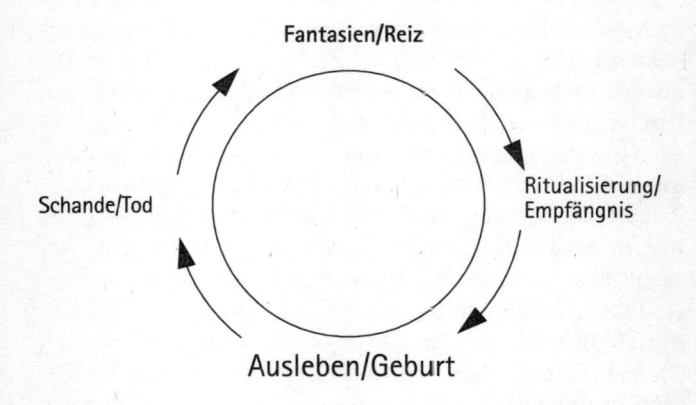

Fantasien/Reiz

Schande/Tod

Ritualisierung/Empfängnis

Ausleben/Geburt

Der Empfängnis folgt natürlicherweise die Geburt. Die Tat, von der man geträumt und die man geplant hat, wird ausgeführt. Der verlockende Köder wird geschluckt. Wenn wir den Zyklus nicht gleich im ersten oder zweiten Stadium unterbrechen, ist es unwahrscheinlich, dass wir es verhindern können, unsere Fantasien in der Folge auszuleben. Oder wie ein Freund von mir zu sagen pflegt: »Wenn du erst einmal deinen Fuß auf einen rutschigen Abhang gesetzt hast, wirst du auch bestimmt hinfallen.« Wenn wir erst einmal fallen, sind die Folgen sehr schmerzhaft.

Schande/Tod

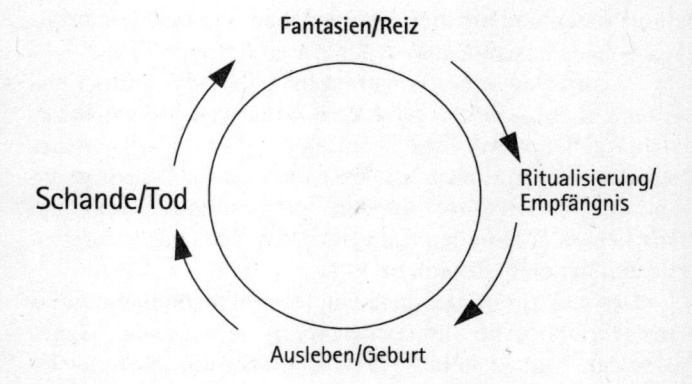

Fantasien/Reiz → Ritualisierung/Empfängnis → Ausleben/Geburt → Schande/Tod

Ich werde nie die Vorfreude vergessen, die Cindy und ich vor der Geburt unseres ersten Kindes empfanden. Wir legten eine Liste an mit allen Dingen, die wir für das Baby benötigten: Kinderbettchen, Bettwäsche, Schaukelstuhl, Windeln, Wickeltisch, Nachtlicht usw. Was wir nicht zur Geburt geschenkt bekamen, konnten wir selbst günstig einkaufen.

Wir besuchten zusammen einen Kurs über natürliche Geburtsvorbereitung. Ich fand es schön, an Cindys Seite zu sein und sie daran erinnern zu können, wie sie richtig atmen musste. Der Arzt erklärte uns, dass Cindy den Geburtsschmerz lindern könnte, wenn sie sich auf einen Gegenstand an der Wand und auf die Atmung konzentrieren würde.

Er sollte Recht behalten. Der große Tag kam. Um zwei Uhr in der Frühe rasten wir am 5. Juli 1976 ins Krankenhaus. Wir hatten uns auf eine natürliche Geburt eingestellt, aber nach vier Stunden schmerzhafter Wehen riet der Arzt zu einem Kaiserschnitt.

Ich hielt mich in der Nähe des Schwesternzimmers auf, als ich das Baby über einen Lautsprecher, der mit einem Mikrofon im Kreißsaal verbunden war, schreien hörte. Danach hörte ich Cindy sagen: »Bill, Gott hat uns einen Jungen geschenkt.« Später konnte ich in den Entbindungsraum gehen und die kleinen Händchen und Füßchen unseres Sohnes bestaunen. Was für ein großartiger Tag!

Bevor Ryan geboren wurde, haben Cindy und ich uns gelegentlich darüber unterhalten, was wäre, wenn etwas schief gehen würde; wie schlimm es beispielsweise wäre, wenn unser Kind nach all den Monaten der Vorbereitung und der Vorfreude tot zur Welt kommen würde. Ich kann mir keinen schlimmeren und tieferen Schmerz vorstellen als den bei einer Totgeburt.

Der Tod tritt immer dann ein, wenn wir sündigen. Jakobus schreibt: »Die Sünde aber, wenn sie vollendet ist, gebiert den Tod« (Jakobus 1,15). Wenn wir die Sünde ausleben, ist das Ergebnis immer schmerzhaft und bringt Schande hervor.

Die sexuelle Lust verspricht Leben, Freude, Vergnügen und vertraute Nähe. Im Stadium der Versuchung, Empfängnis und Geburt erscheinen diese Versprechungen noch sehr attraktiv, aber in Wirklichkeit sind sie es nicht. Es handelt sich immer um ein tot geborenes Kind.

▶ Anstatt Leben zu geben, bringt die Lust den Tod hervor.

- Anstatt Freude zu schenken, bringt die Lust Schande hervor.
- Anstatt Vergnügen zu bereiten, erzeugt Lust Schmerz.
- Anstatt Nähe zu vermitteln, täuscht die Lust Vertrautheit vor.

Sündhaftes sexuelles Verhalten führt immer in die Verzweiflung. Denken Sie nur an König David: Nach seiner Affäre mit Batseba ließ er ihren Mann ermorden. Das Kind, das aus dieser außerehelichen Beziehung hervorging, starb.

Denken Sie an Simson. Nach seiner Liebesbeziehung zu Delila verlor er sein Augenlicht und musste seine Führungsrolle in Israel opfern.

Denken Sie an all die Männer, deren Namen jede Woche in der Zeitung stehen – Männer, die ihre Familie und ihren Ruf geopfert haben, weil sie zu ihrer Lust nicht Nein sagen konnten.

Haben Sie je eine sexuelle Sünde begangen und nicht unter den Folgen leiden müssen? Vielleicht am Anfang nicht. Aber irgendwann hat Sie Ihr Tun dann doch eingeholt. Niemand entgeht den Folgen zwanghaften sexuellen Handelns. Niemand! Wenn wir unsere Fantasien ausleben, bezahlen wir einen hohen Preis.

Aber wir müssen ja nicht sündigen. Wir können unsere Begierden im Zaum halten und unser Leben entschlossen weiterführen, wenn wir den Teufelskreis gleich im Anfangsstadium durchbrechen.

Wir sind fähig, anderen zu helfen

Vielleicht fragen Sie sich, wozu diese ganzen Kämpfe mit der sexuellen Lust dienen sollen. Ich weiß, was Sie empfinden. Ich denke an bestimmte Abschnitte in meinem Leben zurück, die ich sehr bereue. Und manchmal wünschte ich mir, ich könnte sie ungeschehen machen, könnte sie aus meinem Gedächtnis so löschen wie manche Ausschnitte aus einem Videoband.

Aber mir wird dann bewusst, dass meine Erfahrungen – die Kämpfe und Fehlschläge – meine Beziehung zu Gott und meine Abhängigkeit von ihm nur vertieft bzw. verstärkt haben. Sie haben mir geholfen, das Leiden und den Kampf anderer Männer zu verstehen. Paulus schreibt: »Gelobt sei Gott, der Vater unseres Herrn Jesus Christus, der Vater der Barmherzigkeit und Gott allen Trostes, der uns tröstet in aller unserer Trübsal, damit wir auch trösten können, die in allerlei Trübsal sind, mit dem Trost, mit dem wir selber getröstet werden von Gott« (2 Kor 1,3–4).

Ich danke Gott, dass er uns durch seinen Sohn so annimmt, wie wir sind. Er kennt unser Versagen und liebt uns trotzdem. Aber er tut noch mehr. Er hüllt uns in die Decke seines Trostes ein und heilt unsere Verwundungen. Dann befähigt er uns, diesen Mantel des Trostes und der Heilung auch um andere zu breiten.

Diese Wahrheit führt uns zu einem wichtigen Punkt. Wenn Sie bei Gott Trost finden und versuchen, den Zyklus der Abhängigkeit zu durchbrechen, müssen Sie noch einen weiteren Schritt tun. Ich behaupte sogar, dass Sie ohne diesen Schritt nicht lange durchhalten werden. Sie müssen sich mit anderen Männern zusammenschließen. Sie müssen ihnen den Trost und die Ermutigung entgegenbringen, die Gott Ihnen geschenkt hat, und Sie müssen bereit sein, sich von anderen helfen zu lassen, um auf sexuellem Gebiet ein reines Leben führen zu können. Im nun folgenden Kapitel werden Sie sehen, wie Sie hier vorgehen können.

Denkanstöße

1. Wie haben sich die kulturellen und ethischen Werte Ihres Landes in den vergangenen 20 Jahren verändert? Wie hat Sie das persönlich beeinflusst?

2. Wie lauten die vier Stadien des Teufelskreises der Abhängigkeit, der in Jakobus 1,14–15 beschrieben wird? In welchem Stadium muss man der Versuchung entgegentreten? Warum?
3. Welche konkreten Schritte unternehmen Sie oder wollen Sie unternehmen, um der Versuchung zu widerstehen?
4. Wie können Sie das Gelernte umsetzen, um anderen Männern zu helfen, sich ihre Reinheit auf sexuellem Gebiet zu bewahren?

Teil IV

In Freiheit leben

Kapitel 10

Warum Zusammenhalten so schwer fällt

Tim Allen ist der Held einer amerikanischen Comedy-Serie namens »Hör mal, wer da hämmert«. Er ist ein ausgesprochen ironischer und witziger Entertainer. Aber die wenigsten Leute wissen, dass er einige Zeit wegen Drogenhandels hinter Gittern gesessen hat. Auf die Frage, wie er heute seine Zeit im Gefängnis sieht, fasst er dies nach einigen Erklärungen zusammen: »Das Gefängnis war das Beste und gleichzeitig das Schlimmste, was mir jemals passiert ist.«[1]

In seinem Bestseller »Wer hat Angst vorm nackten Mann?« spricht Allen von einer bedeutsamen Erfahrung, die er im Gefängnis gemacht hat. Diese Geschichte trug sich zu, als er zu den zehn Männern in seiner Zelle geführt wurde. Das Erste, was ihm auffiel, war, dass sich die Toilette in der Mitte des Raumes befand. Er erinnert sich: »Ich weiß noch, dass ich diesen Abort anstarrte, dann die Zellendecke, dann wieder den Abort und dann all die Typen, die um mich herumstanden. Ich wollte nur eines: Sofort raus hier.« Aber die Zellentür war fest hinter ihm verschlossen.

»Ich wusste genau, dass ich diese Art ›Toilette‹ nicht benutzen konnte. Man kann doch nicht in Ruhe sein Geschäft erledigen, wenn zehn andere im selben Raum sind und einem zusehen!« Doch dann schreibt er weiter: »Aber mit der Verdauung kommt es nun mal so, wie es kommen muss – irgendwie muss alles wieder heraus. Zögernd ging ich auf den Lokus zu. Dann wandte ich mich wieder ab und ging zurück zu meinem Platz, aber ich wusste, es würde nichts nützen. Es musste sein. Ich setzte mich und plötzlich kamen alle Männer auf mich zu. Ich geriet in Panik.

Die Männer stellten sich um mich herum in Form eines Hufeisens, wobei sie mir den Rücken zukehrten.« Warum hatten sie das getan? Allen schreibt weiter: »Weil auch sie Männer waren. Es war für mich ein großartiges Erlebnis zu erkennen, dass sie nicht bloß Verlierer waren wie ich, sondern echte Männer. Sie taten das, um die Privatsphäre des anderen zu schützen.«[2]

Diese letzte Äußerung lässt tief blicken, weil sie das beschreibt, was jeder Mann braucht. Wir brauchen Freunde, die unsere Ängste verstehen und uns Schutz gewähren, Männer, die sich in Zeiten der Verletzlichkeit und Scham schützend um uns stellen.

Es ist schade, wenn ein Mann wie Allen erst ins Gefängnis gehen muss, um zu entdecken, dass Männer auch bereit sind, sich gegenseitig zu schützen und füreinander einzustehen. Da die meisten Männer nicht zwangsweise in eine solch enge Beziehung gestellt sind, finden sie das nie heraus. In meinen Gesprächen mit Männern habe ich entdeckt, dass die meisten von ihnen davon ausgehen, dass ihre sexuellen Schwierigkeiten eine rein persönliche Angelegenheit sind. Sie ziehen sich in ihre Privatsphäre zurück. Sie schämen sich. Wie in der beschriebenen Szene möchten sie nicht, dass irgendjemand davon erfährt.

Warum können wir nicht Freunde sein?

Da ich davon überzeugt bin, dass jeder Mann ein paar enge Freunde braucht, die seine Probleme verstehen können und ihm den nötigen Schutzraum gewähren, möchte ich an dieser Stelle näher auf die Gründe eingehen, warum Männer sich offenen, tiefen Freundschaften mit anderen Männern oft versperren. Und wir werden sehen, wie wir dem entgegenwirken können.

»Ich habe keine Zeit«

Ein Grund, warum die meisten Männer keine engen Freunde haben, liegt darin, dass sie keine Zeit haben, Freundschaften aufzubauen. Alle Männer, die ich kenne, sind irgendwie stark beschäftigt. Denken Sie nur an all die Aufgaben, die ein Mann hat: Arbeitsstelle, Frau, Kinder, Kirche, Haushaltspflichten, soziales Engagement, Hobbys und andere Interessen.

Jeder der hier aufgeführten Bereiche kann eine Unmenge an Zeit verschlingen. Wenn ein Mann einmal eine freie Minute hat, will er sich meist einfach nur ausruhen. Er möchte sich in der Gesellschaft anderer Männer erholen und das Gespräch wird oft bewusst auf einer rein oberflächlichen Ebene gehalten. Auf diese Weise kann er emotional wieder auftanken, ohne »Beziehungsballast« mit sich herumschleppen zu müssen.

Männer verbringen gerne ihre freie Zeit zusammen mit anderen Männern in typischen »Männerdomänen«. Das sind Sachbereiche, in denen Männer über Dinge reden, die eben nur für Männer von Interesse sind, Dinge wie Handwerken, Basteln, Autos, Sport, Computer, Technik, Fußball, Jagen und Angeln. Frauen knüpfen Beziehungen am liebsten auf der emotionalen Ebene an. Männer bleiben lieber an der Oberfläche. Bei reinen Männergesprächen läuft ein Mann nicht Gefahr, in irgendetwas hineingezogen zu werden, was mehr Zeit von ihm erfordern könnte, als er zu geben bereit ist.

Die Kehrseite für den Mann ist aber die, dass er niemanden hat, mit dem er über seine Gedanken und Erlebnisse sprechen könnte. Und wenn ein Mann darüber nachdenkt, dass ihm enge Freunde fehlen, fühlt er sich einsam. Er erinnert sich daran, dass er als Kind seine Kameraden hatte, denen er von all seinen Problemen mit den Eltern und von seinen Schwierigkeiten in der Schule erzählen konnte.

Aber um enge Freundschaften aufzubauen, braucht man Zeit. Tiefe Freundschaften entstehen eben nicht über Nacht. Nähe und Vertrautheit brauchen Jahre, wenn nicht sogar Jahrzehnte, bis sie sich entwickelt haben. Sie entstehen nicht auf Knopfdruck und sie lassen sich auch nicht wie Termine vereinbaren. Das bedeutet aber, dass man sich in eine Männerwelt begeben und Dinge tun muss wie Fußball spielen, angeln, einen Oldtimer restaurieren, eine Jugendmannschaft trainieren, aber auch da zu sein und zuzuhören und einem Freund gut zuzusprechen, wenn sein Leben auseinander zu brechen droht. Es bedarf der Bereitschaft, zuzulassen, dass jemand für einen da ist. Eine dauerhafte Freundschaft entwickelt sich über die Jahre und ist lebendig »in guten wie in schlechten Tagen«. Sie erfordert, dass man zusammen Zeit verbringt und sich gegenseitig die größten Probleme, Ängste, Enttäuschungen und Erfolge mitteilt. Bei dieser Art von Freundschaft wird etwas verlangt, das die meisten Männer nicht zu besitzen meinen: Zeit.

Ein Pastor fragte einmal ein bedeutendes Mitglied seiner Gemeinde: »Immer, wenn ich Sie sehe, sind Sie in Eile. Ihre Frau sagte mir, dass Sie immer viel zu tun hätten. Sagen Sie mir doch einmal, wohin Sie da überhaupt die ganze Zeit rennen!«

Der Mann antwortete: »Ich laufe dem Erfolg nach, der Erfüllung und dem Lohn für all meine Mühe und Arbeit.«

Der Pastor antwortete: »Das ist eine gute Antwort, wenn man davon ausgeht, dass alle Segnungen irgendwo vor Ihnen liegen und Sie quasi versuchen müssen, ihnen nachzujagen, und wenn Sie nur schnell genug rennen, holen Sie sie ein. Aber könnte es nicht genauso gut auch sein, dass diese Segnungen hinter Ihnen liegen? Dass Sie, je mehr Sie rennen, es sich selber umso schwerer machen, sie zu finden?«

Ich glaube, dass das die Lektion ist, die Jesus auch Marta erteilen wollte. Marta wirbelte im Haus herum und traf die Vorkehrungen für den Besuch von Jesus. Als er schließlich ankam, legte sie sogar noch einen Zahn zu und arbeitete noch härter. Unterdessen saß Maria zu Jesu Füßen.

Marta, die durch das rücksichtslose Verhalten ihrer Schwester und das mangelnde Interesse des Herrn verärgert war, wies Jesus zurecht: »Herr, fragst du nicht danach, dass mich meine Schwester lässt allein dienen? Sage ihr doch, dass sie mir helfen soll!« (Lk 10,40).

Jesus antwortete auf eine Weise, die auch auf jeden arbeitswütigen Mann zutreffen könnte: »Du hast viel Sorge und Mühe. Eins aber ist not« (Lukas 10,41–42).

Damit unterstrich Jesus die Bedeutung von Beziehungen. Marta hatte schon das Abendessen vorbereitet. Es hatte niemand von ihr verlangt, ein Fünf-Gänge-Menü aufzutischen, zumal diese Vorbereitungen die Zeit reduzierten, die sie mit Jesus verbringen konnte. Ihr Problem bestand darin, dass sie nicht wusste, wann sie aufhören und sich auf die Menschen konzentrieren musste. Jesus zufolge hatte Maria ihre Zeit besser genutzt.

Wir haben alle schon den Ausspruch gehört, dass wir uns für das Zeit nehmen, was uns wichtig ist. Das stimmt. Und wenn das Thema »Reinheit« für Sie wichtig ist, sollten Sie sich auch in Ihrem Leben Zeit für andere Männer nehmen; Zeit, um sich auf einer tieferen Ebene auf sie einzulassen und mit ihnen wirklich zu kommunizieren; Zeit, sich gegenseitig zu helfen, der zu werden, den Gott aus Ihnen machen möchte.

Aber auch wenn Sie sich nun in einer kleinen Gruppe mit anderen Männern treffen, kann es sein, dass Sie sich immer noch dagegen sträuben, sich den anderen gegenüber zu öffnen. Das liegt zum einen daran, dass es für einen Mann nur allzu natürlich ist, den anderen zunächst als Gegner und nicht als Verbündeten zu sehen.

»Ich möchte gewinnen!«

Bill Gates ist der wohl berühmteste Geschäftsmann auf der ganzen Welt – und der reichste. Sein Vermögen wird auf knapp 24 Milliarden US-Dollar geschätzt. Der 88%ige Anstieg der *Microsoft*-Aktie im Jahr 1996 bedeutete für ihn einen zusätzlichen Gewinn von 10,9 Milliarden Dollar bzw. von ca. 30 Millionen Dollar pro Tag. Aber Bill Gates ist mehr als nur reich. Er ist der Thomas Edison und Henry Ford unseres Zeitalters. (Inzwischen ist Gates' Vermögen auf 39 Milliarden angewachsen.)[3]

Sie denken jetzt vielleicht, dass jemand mit so viel Geld und Macht kürzer treten könnte. Doch Bill Gates kann das nicht, weil er sich ständig um den Wettbewerb Sorgen machen muss. Er sagte einmal: »Wenn Sie in diesem Geschäft feststellen, dass Sie in Schwierigkeiten sind, ist es bereits zu spät. Wenn Sie nicht die ganze Zeit am Rennen sind, ist es aus mit Ihnen.«[4] Rob Glaser, ein ehemals leitender Mitarbeiter von *Microsoft,* der jetzt eine eigene Firma leitet, die unter dem Namen *RealAudio* Internet-Sound-Systeme vertreibt, sagte einmal über Bill Gates: »Sein Ziel ist es nicht, Erfolg zu haben und andere an seinem Erfolg teilhaben zu lassen. Er sucht nach Möglichkeiten, Mitbewerber in die Knie zu zwingen. Erfolg ist dabei definiert als das Plattwalzen der Konkurrenz und nicht als das Hervorbringen von hervorragenden Leistungen.«[5]

Ich habe hier Bill Gates erwähnt, weil ich der Meinung bin, dass seine Besessenheit, die Konkurrenz auszuschalten, für die meisten Männer charakteristisch ist. Schon früh in der Kindheit lernen Jungs, wie wichtig es ist zu gewinnen. Es wird ihnen das Sprichwort beigebracht: »Knapp vorbei ist auch daneben.« Das heißt im Klartext: Jeder, der kein Gewinner ist, ist ein Verlierer. Während der Olympischen Sommerspiele 1996 vermittelte die Firma *Nike* diese Idee in Form eines TV-Spots mit folgendem Wortlaut: »Silbermedaillen werden nicht gewonnen. Goldmedaillen werden verloren!«

Natürlich haben unsere Eltern und Lehrer immer versucht, einen Misserfolg abzuschwächen. Nach einem schmerzlichen Verlust zitierten sie immer beschwichtigend eine ihrer Lebensweisheiten wie: »Das nächste Mal wirst du es schon schaffen«, »Keiner kann immer auf der Sonnenseite des Lebens stehen« oder »Es kommt nicht darauf an, ob du gewinnst oder verlierst, sondern darauf, wie du dich im Spiel verhältst.« Aber trotzdem war uns klar, dass ein erster Platz uns die Anerkennung und Begeisterung unserer Eltern, Freunde und Lehrer für immer einbringen würde. Und was war mit unseren Niederlagen? Wir bekamen darauf nur ein paar freundliche und etwas mitleidsvolle Worte zum Trost.

Im Laufe der Zeit haben wir uns die Worte unserer Eltern und Lehrer zu Eigen gemacht. Wir entwickelten eine innere Stimme, die freundlich mit uns sprach, sobald wir gewonnen hatten, aber ziemlich barsch klang, wenn wir wieder mal verloren hatten.[6] Schließlich fingen wir an, andere Jungen eher als Gegner denn als Freunde zu sehen. Wir sahen sie als Bedrohung unseres zukünftigen Erfolges. Also wurden wir ihnen gegenüber vorsichtiger und reservierter. Wir lernten, unsere Schwächen zu verstecken und andere nicht die Oberhand gewinnen zu lassen. Wir waren sicher, dass wir damit keineswegs von einer fixen Idee besessen waren; nein, wir standen lediglich mit beiden Beinen im Leben.

Selbst unsere engsten Freunde kennen uns nicht wirklich. Sie denken, wir seien ein angenehmer Zeitgenosse, der etwas aus seinem Leben gemacht hat. Aber alles, was unsere Mitmenschen von uns sehen, ist die Spitze des Eisberges. Sie kennen den Teil von uns nicht, der energisch, übertrieben ehrgeizig, verängstigt, verletzt und voller sexuellem Verlangen ist.

Dieser Wunsch, immer der Beste zu sein, ist kein besonderes Charakteristikum unserer Zeit, sondern zeigte sich schon ganz deutlich unter den Jüngern. Einmal trat die Mutter von Jakobus und Johannes mit ihren beiden Söhnen auf Jesus zu und bat ihn, ihren Kindern in seinem Königreich einen einflussreichen Posten zu verschaffen (Mt 20,20–21). Eins muss man dieser Frau lassen: Sie hatte Mut.

Aber wie haben wohl die anderen Jünger auf ihre Bitte reagiert? Waren sie etwa hellauf begeistert und haben sich für ihre Freunde gefreut? Wohl kaum! Matthäus schreibt: »Als das die Zehn hörten, wurden sie unwillig über die zwei Brüder« (Mt 20,24). Ich vermute, dass wohl ein Grund für ihre unwillige Reaktion darin lag, dass sie selbst nicht darauf gekommen waren.

Wie Kinder, die versuchen, ihren Lehrer zu beeindrucken, kämpften auch die Jünger um die Gunst und Anerkennung Jesu. Was mich an dieser Geschichte etwas beunruhigt, ist, dass ich mich selbst darin wiederfinde. Ich versuche auch, mein Konkurrenzdenken zu kaschieren, aber es lässt sich wohl nicht leugnen.

Jesus begegnete diesem Konkurrenzgeist unter den Jüngern dadurch, dass er sagte: »Wer unter euch groß sein will, der sei euer Diener; und wer unter euch der Erste sein will, der sei euer Knecht, so wie der Menschensohn nicht gekommen ist, daß er sich dienen lasse, sondern daß er diene« (Mt 20,26–28).

Jesus fordert uns dazu auf, eine andere Perspektive zu gewinnen, die Dinge in einem neuen Licht zu sehen, auf eine ganz andere Weise zu betrachten – wie beispielsweise der Mann, der mit seinem Ford Mustang Cabrio an einem Frühlingsnachmittag eine kurvige Landstraße entlangfuhr. Er genoss den Fahrtwind, der ihm um das Gesicht wehte, und den weithin offenen Himmel. Plötzlich kam eine Frau in einem modernen Cadillac um die vor ihm liegende Kurve gebogen und drängte ihn fast von der Straße ab. Beim Vorbeifahren schrie sie ihn an: »Schwein!«

Der Mann schleuderte ihr daraufhin ebenfalls eine nette Bezeichnung an den Kopf, als er um die Kurve bog, und prallte fast mit dem wirklichen Schwein zusammen, das plötzlich mitten auf der Straße stand. In diesem Moment fand bei ihm ein Perspektivenwechsel statt. Er sah die Welt in einem völlig neuen Licht.

Unser ganzes Leben werden wir darauf getrimmt, zu den Gewinnern zu gehören. Dadurch sehen wir andere Männer auch als Konkurrenten. Jesus möchte, dass wir unsere Sichtweise vom Leben ändern. Wir sind nicht dazu da, mit anderen Männern zu konkurrieren, sondern ihnen zu dienen. Das heißt nicht, dass jeder Wettbewerb schlecht ist. Es kann auch Spaß machen, unsere Kräfte und Fähigkeiten oder die eines Teams mit denen eines anderen Teams oder anderer Männer zu messen. Es ist gut, ein wettbewerbsfähiges Geschäft bzw. eine konkurrenzfähige Firma aufzuziehen. Aber damit dieser Wettbewerb auch ein gesunder Wettbewerb bleibt, sollte er in einem Geist der Liebe und Freundlichkeit betrieben werden. Diejenigen, mit denen wir konkurrieren, sind schließlich auch nur Männer – wie Sie und ich. Wir sind nicht dazu da, sie fertig zu machen oder größer sein zu wollen als sie. Wir sind dazu da, ihnen zu helfen, so zu werden, wie sie sein sollen. Wir sollen sie decken, Angriffe von ihnen abwehren und ihnen als Beobachter und Berater korrigierend zur Seite stehen.

Wenn Gottes Geist diese neue Sichtweise in unserem Denken bewirkt, gibt es aber immer noch einen weiteren Grund, warum wir uns innerlich dagegen wehren, uns anderen Männern gegenüber zu öffnen.

»Ich schaff das schon alleine!«

Selbst in der heutigen Zeit, in denen die Gefahren des Rauchens allseits bekannt sind, hat der Mann aus der *Marlboro*-Werbung sein machtvolles Image immer noch nicht eingebüßt. Besonders für uns Männer ist er immer noch der Inbegriff all dessen, was wir selbst gern sein möchten. Er ist stark. Er ist stattlich. Er ist unabhängig. Er sitzt aufrecht auf seinem Pferd.

Die meisten Männer wollen unabhängig sein. Deshalb wenden wir uns nicht gerne an jeden X-Beliebigen und fragen ihn um Rat. Wir nehmen es ruhig in Kauf, erst einmal eine Weile ziellos umherzuirren, bevor wir auf die Idee kommen, um Hilfe zu bitten.

Und wenn wir dann um Unterstützung bitten, dann fragen wir aber nur jemanden, dem wir auch zutrauen, dass er uns helfen kann. Frauen sind da anders. Wenn ich Auto fahre und Cindy meint, wir hätten uns verfahren, dann sagt sie zu mir: »Warum fragst du nicht einfach den Mann dort an der Straßenecke, wie wir dahin kommen?«

Ein kurzer Blick auf den Mann an der Straßenecke verrät mir, dass es sich weder um einen Polizisten, einen Taxifahrer, einen Feuerwehrmann noch sonst jemanden handelt, der sich in der Stadt besser auskennt als ich. Zumindest sieht es für mich so aus. Wenn ich schon um Hilfe bitte, dann frage ich einen Experten. Ansonsten löse ich das Problem lieber auf meine eigene Weise.

Weil wir Männer unsere Probleme lieber selbst in die Hand nehmen, teilen wir sie auch nur ungern anderen Männern mit. Und überhaupt, wie sollte ein Freund mir denn entscheidend weiterhelfen können?

Können Sie sich vorstellen, dass der Mann aus der *Marlboro*-Werbung zu einem anderen Cowboy reitet und sagt: »Ich habe da ein persönliches Problem. Darf ich es dir erzählen?« John Wayne hat das nie getan. Nicht ein einziges Mal! Oder könnten Sie sich vorstellen, dass James Bond so etwas macht? Nein. Und die meisten Männer werden das auch nicht tun.

Wie, glauben Sie, würde Jesus auf die Lebensphilosophie eines solchen ungehobelten Individualisten reagieren? Ich glaube, er würde auf ein Kind deuten und sagen: »Wer nun sich selbst erniedrigt und wird wie dies Kind, der ist der Größte im Himmelreich« (Mt 18,4).

Als ich diesen Vers zum ersten Mal las, stellte ich mir die Frage, wie ich ein Kind werden könnte. Eines ist sicher: Kinder nehmen sich das, was sie brauchen. Wenn sie etwas wollen, dann verbergen sie ihre Eigennützigkeit nicht. Ich glaube nicht, dass Jesus damit meinte, Kinder seien ein Beispiel für ein aufopferndes Leben. Vielmehr wies er darauf hin, dass Kinder als hilflose und schwache Geschöpfe unter Erwachsenen leben. Sie sind kleine Leute in einer Welt der Erwachsenen.

Wir Männer sollen wie die Kinder werden. Wir sollen uns wie die Jüngsten in einer großen Familie verhalten. Warum? Weil wir so auch wirklich vor Gott sind. Wir sind wie kleine, hilflose, verletzliche Kinder. Und wir müssen uns selbst auch so sehen lernen. Aber wir müssen auch andere Männer so sehen. Nur wenn wir unsere Schwachheit erkennen und sehen, dass wir gute Freunde brauchen, sind wir auch bereit, nach solchen Freunden Ausschau zu halten.

»Das behalte ich lieber für mich!«

Ich hatte gerade meinen Vortrag bei einer Männerveranstaltung beendet, als ein schlanker, sportlicher Mann in einem Polohemd auf mich zukam. Er war offenbar deutlich aufgeregt über etwas, das ich gesagt hatte, und bat um ein Gespräch. Ich sagte ihm, wenn es etwas Wichtiges sei, könnte er doch warten, bis alle anderen Männer gegangen wären. Er nickte mit dem Kopf, schenkte sich noch einen

Kaffee ein und setzte sich abwartend auf einen Stuhl in der vordersten Reihe.

Als die anderen Männer gegangen waren, setzte ich mich neben ihn und hörte ihm zu, wie er mir davon erzählte, dass er schon jahrelang mit Pornografie und Masturbation zu kämpfen hatte. Als Verkäufer war er oft unterwegs und konnte den Erotikprogrammen im Fernsehen nicht widerstehen. Was ihn beunruhigte, war, dass er auch vor kurzem damit begonnen hatte, Stripteaselokale aufzusuchen. Er wollte wissen, wie er das ändern konnte.

»Haben Sie das schon einmal mit Ihren christlichen Freunden besprochen?«, fragte ich ihn.

Für einen Augenblick herrschte Funkstille. Er starrte auf einen Punkt in der Ferne. Und dann schaute er mich an und meinte: »Nein, das habe ich nicht. So etwas behalte ich lieber für mich.«

»Aber mir haben Sie es doch erzählt«, entgegnete ich verwirrt.

»Ja, sicher habe ich das«, erwiderte er. »Aber Sie kennen mich ja auch gar nicht.«

Viele können sich in dieser Aussage gut wieder erkennen. Wir wollen uns vor anderen Männern nicht die Blöße geben und zugeben, dass wir sexuelle Probleme haben. Wie wir in Kapitel 5 gesehen haben, schämen wir uns für die Dinge, die wir in unserer Privatsphäre denken und tun. Aber es ist auch sehr wichtig, dass Sie Gott sagen, was Sie getan haben. Und nun sollten Sie noch einen weiteren Schritt unternehmen: Sie sollten es auch einem engen Freund sagen.

Alles in Ihnen wird sich dagegen sträuben, das zu tun: Ihr Unabhängigkeitsstreben, Ihre Kämpfernatur, Ihre Schamgefühle, Ihr Bestreben, alles alleine schaffen zu wollen, Ihre sexuellen Begierden. Wie Adam im Garten Eden werden Sie lieber davonrennen und sich verstecken wollen. Am liebsten würden Sie das tun, was Sie bisher auch getan haben: alles unter den Teppich kehren.

Wenn Sie wirklich rein werden wollen, können Sie das nicht im Alleingang schaffen. Sie brauchen andere Männer, die Ihnen zur Seite stehen. Sie brauchen ein paar sehr gute Freunde, die für Sie da sind. Nun, wo wir wissen, warum es für Männer so schwierig ist, enge Freundschaften zu knüpfen, werden wir im nächsten Kapitel darauf eingehen, wie tiefe Freundschaften gepflegt werden können und welche Stufen es bei diesen Freundschaften gibt.

Denkanstöße

1. Was sind die Gründe, die Männer dafür anführen, dass sie keine enge Freundschaft zu anderen Männern eingehen?
2. Welche dieser Ausreden haben Sie in der Vergangenheit vorgeschoben? Meinen Sie, diese Ausreden seien berechtigt? Warum oder warum nicht?
3. Was lernen wir aus der Episode Jesu mit Marta und Maria in Lukas 10,38–42?
4. In welcher Hinsicht sollen wir wie kleine Kinder werden? Wie könnte das in Ihrem Leben aussehen? Wie könnte es Ihre Einstellung anderen Männern gegenüber ändern?
5. Warum fällt es Männern so schwer, ihre Probleme bei anderen Männern anzusprechen?
6. Bitten Sie Gott, in Ihnen die Bereitschaft zu wecken, enge Freundschaften zu Männern zu knüpfen. Dann bitten Sie ihn, Ihnen solche Freunde zu schenken.

… **Kapitel 11**

Männerfreundschaften – eine verlorene Kunst?

„Führ mich zum Schotter, Jerry! Führ mich zum Schotter!«

So singt der Footballspieler Rod Tidwell seinem Sportagenten in dem Kinofilm »Jerry Maguire – Spiel des Lebens« in die Ohren, um diesen anzufeuern, ihm zu einer lukrativen Sportkarriere in der Profiliga zu verhelfen.

Wenn dies die Kernaussage einer Sportgröße ist, dann gibt Jerry Maguires späteres Eingeständnis »Ich bin toll in Freundschaften, mies in engen Beziehungen« die Kernaussage des amerikanischen Mannes schlechthin wieder.

Wir reden gerne mit anderen Männern über belanglose Dinge, aber wir sträuben uns dagegen, über unsere innersten Wünsche, Probleme und Fehlschläge zu sprechen. Wenn wir jedoch geistlich wachsen wollen, müssen wir Männer enge Freundschaften zu anderen Männern aufbauen. Wir brauchen Freunde, mit denen wir unsere finstersten Handlungen, aber auch unsere größten Triumphe teilen, Freunde, die uns helfen können, Stehvermögen zu beweisen, wenn wir in Versuchung geraten, und die uns aufbauen, wenn wir fallen, Freunde, denen wir in gleicher Weise unterstützend zur Seite stehen können.

David und Jonatan hatten diese Art von Freundschaft. Nach dem Tod von Jonatan klagte David: »Es ist mir leid um dich, mein Bruder Jonatan, ich habe große Freude und Wonne an dir gehabt; deine Liebe ist mir wundersamer gewesen, als Frauenliebe ist« (2 Sam 1,26).

Diese erstaunliche Aussage bringt eine Wahrheit zum Ausdruck, die jedem Mann bekannt sein dürfte: dass es nämlich bei einer Männerfreundschaft gewisse Aspekte gibt, die anders – und besser – sind als bei einer Freundschaft zu einer Frau. Männer wissen zwar, dass eine solche freundschaftliche Beziehung zu einem anderen Mann möglich ist, sie wissen zumeist jedoch nicht, wie sie sie erleben können. Im vorliegenden Kapitel möchte ich das Augenmerk auf die verschiedenen Phasen einer Freundschaft richten.

Die vier Phasen einer Männerfreundschaft

Ich habe mich oft gefragt, wie Beziehungen von einer Ebene zur anderen wechseln. Wie werden Männer zu den besten Freunden? Ich schätze darum Dr. Goldbergs Einsichten sehr, der in seinem Buch *The Hazards of Being Male* (»Die Gefahren, ein Mann zu sein«) die vier Phasen einer »Busenfreundschaft« unter Männern näher beschreibt. (Ich habe seine Einteilung der vier Phasen beibehalten, jedoch die ersten beiden Phasen umbenannt.) Das Wort »Busenfreund« ist in der Tat ein Wort, das man heute nicht mehr allzu häufig benutzt. Dr. Goldberg favorisiert diesen Ausdruck, weil er damit Jugendlichkeit und Spontaneität verbindet. Er ist der Meinung, dass eine solch enge Freundschaft das Potenzial für das »Ultimative in einer Männerfreundschaft«[1] hat, wenn diese mit der Reife des Erwachsenseins gekoppelt ist.

Phase 1:
Die »Eine Hand wäscht die andere«-Beziehung

Anfangs verbünden sich Männer mit anderen Männern, von denen sie glauben, dass sie ihnen nützlich sein können. Es ist eine Art von Freundschaft nach dem Motto: »Eine Hand wäscht die andere« bzw. »Hilfst du mir, so helf ich dir«. Da der Nutzen daraus groß und die »emotionalen Kosten« gering sind, bleiben die meisten Männerbeziehungen in dieser Anfangsphase stecken.

Im Geschäftsleben ermöglicht es eine solche Interaktion den Männern, sich gegenseitig zum Erfolg zu verhelfen. Aber diese Art von Beziehung kommt auch noch auf eine andere Weise zum Ausdruck. Sie kann die Form eines Lehrer-Schüler-Verhältnisses annehmen. Solange beide Männer davon profitieren, bleibt die Beziehung bestehen. Endet jedoch der gegenseitige Nutzen, ist es auch bald mit der Freundschaft aus.

Leider kennen wir alle aus Erfahrung solche Nutznießer-Freundschaften, die auch schädlich sein können. Das ist dann der Fall, wenn ein Mann von einem anderen ausgenutzt wird und nichts als Gegenleistung von ihm bekommt oder wenn er zur Seite gestoßen wird, sobald er nicht mehr gebraucht wird und ausgedient hat. Eine der schmerzlichen Lektionen, die Jerry Maguire lernen muss, ist die, dass er, als er für seine Firma nicht mehr von Wert ist, nicht nur seine Arbeitsstelle verliert, sondern auch die meisten seiner Freundschaften, die er am Arbeitsplatz hatte.

Vor einigen Jahren nahm ich Abschied von einer Gemeinde, in der ich neun Jahre als Pastor tätig gewesen war. Obwohl ich noch zur Gemeinde gehöre, sind die wenigsten Männer meine Freunde geblieben. Warum? Weil mich mit den meisten von ihnen (nur) eine gemeinsame Vision verband, nämlich eine Kirche aufzubauen. Als wir kein gemeinsames Ziel mehr verfolgten, bestand kein Grund mehr zu einer Beziehung. Wir sind immer noch freundlich zueinander, aber wir haben keinen Grund, keine Basis mehr, miteinander in Beziehung zu treten.

Ich erinnere mich noch an das große Aha-Erlebnis, das ich hatte, als ich entdeckte, wie oberflächlich jene Beziehungen waren. Glücklicherweise spielten sich nicht alle meine Freundschaften auf dieser Ebene ab. Und so ist es auch bei anderen. Die meisten Männer haben ein paar wenige Freundschaften, die über diese zweckorientierte Phase hinausgehen.

Phase 2: Die Freizeitbeziehung

Mit Freunden auf dieser Stufe bilden wir eine Interessengemeinschaft. Unser gemeinsames Interesse am Golfen, Tennis- und Fußballspielen, Jagen, Fischen, Restaurieren alter Autos oder die Erziehung unserer Kinder bringt uns regelmäßig zusammen. Die gemeinsame Aktivität ist der sichere Rahmen, in dem wir zusammenkommen. Da sich diese Art von Freundschaft um ein gemeinsames Betätigungsfeld dreht, besteht auch kein Bedarf an Nähe und Tiefgang. Wenn ein Mann z. B. krank wird, ist es vielmehr so, dass er seine Freunde in dieser Zeit nicht sehen und auch nichts von ihnen hören wird, bis er wieder mit ihnen zusammenkommt, um das gemeinsame Hobby zu pflegen. Es ist erstaunlich, dass Golfspieler jahrelang miteinander golfen können und sich dabei nicht wirklich näher kommen und gegenseitig kennen lernen.

Phase 3: Die freundschaftliche Beziehung

Eine Bekanntschaft, die die Phase der Freizeitbeziehung erreicht hat, kann sich zu mehr entwickeln als nur zu einer Interessengemeinschaft, wenn beide Männer eine natürliche Affinität zueinander haben, d. h. wenn sie wirklich die Gesellschaft des anderen genießen. Wenn sie miteinander reden, denkt keiner, er müsse Recht behalten. Wenn sie gemeinsam spielen, muss keiner unbedingt gewinnen. Sie freuen sich von Herzen an den Erfolgen des anderen und sprechen gern über eine Vielzahl von Themen.

Anders als bei den beiden vorgenannten Phasen bietet ein Mann dem anderen hier seine Hilfe an und fragt auch nach, wenn der andere krank ist. Er wird auch bereit sein, ihm im Notfall Geld oder sein Auto zu leihen. Jerry Seinfeld zufolge gehört es ebenfalls dazu, dass ein echter Freund den anderen auch an den Flughafen bringt.

Phase 4: Die enge freundschaftliche Beziehung (Busenfreundschaft)

Die tiefste Beziehung zwischen Männern wird selten erreicht, weil ihr eine Krise vorausgeht. Viele von uns erinnern sich daran, wie sie als Kinder nach einem kleinen Faustkampf eine engere Kameradschaft zu einem Freund bekamen. In ähnlicher Weise werden wir erst nach einer Krise in der Freundschaft, die diese zu zerstören droht, zu echten Freunden.

Ein Bruch in der Beziehung erfolgt häufig dann, wenn eine unbesonnene Handlung dem anderen großen Schmerz zufügt. Er fördert die persönlichen Schwächen und Verletzlichkeiten zu Tage, die vorher ausgeblendet waren. Beide Männer sind dann verletzt und sehen sich der Versuchung ausgesetzt, aus der Beziehung auszusteigen. Dies erscheint offenbar oft als die einfachste Lösung.

An diesem Punkt steht die Freundschaft kurz vor dem Aus. Die beiden Männer werden entweder auseinander gehen und nie mehr so eng befreundet sein oder sie werden an der Beziehungskrise arbeiten und noch engere Freunde werden. Die Beziehung kann wachsen, wenn ihnen bewusst wird, dass ihre Freundschaft wichtiger ist als ihre Wunden, und wenn jeder die Schwächen des anderen sieht und sie trotzdem beschließen, Freunde zu bleiben.

Männer, die eine solche Krise durchstehen, erleben nun eine Freundschaft, die von tiefem Vertrauen gekennzeichnet ist. Sie wissen, dass ihr Busenfreund sie mit all ihren

Ecken und Kanten kennen gelernt hat und sie trotzdem akzeptiert. Daraus erwächst eine Beziehung, in der jeder zu seiner Zeit als Lehrer, Schüler, Tröster, Berater, Trainer, Mentor usw. fungiert. Sie wissen nun, dass – egal, was auch passiert, – sie einen Freund haben, der für sie da sein wird.

Dr. Goldberg beschreibt diese Freundschaft wie folgt:

»Es ist eine gewisse Wärme und ein gewisses einfühlsames Verständnis und Trost da, wenn ein Mensch sich schwach fühlt, sich dumm verhält oder verletzlich wird. In diesen Fällen erfährt ein Freund Unterstützung und Halt durch den anderen. Es kommt zum freudigen gegenseitigen Teilen der vorhandenen Mittel – sowohl materieller als auch emotionaler Art. Das konkurrierende Element ist dabei nicht von Belang und ein Sieg des einen wird auch zum Sieg für den anderen. Die brüderliche Dimension bei der engen Freundschaft ist dergestalt, dass jeder auf den anderen sieht und ihn vor dem Ausgenutztwerden bewahrt.«[2]

Vor einigen Jahren durchlebten ein Freund und ich eine Krise, die unsere Freundschaft gefährdete. Nach dem Tod seiner Mutter machte er eine Zeit unsagbarer Trauer durch, die ihn aus der Bahn warf. Ich hatte keine Ahnung, dass es ihm so schlecht ging. Als er mich um Hilfe bat, schenkte ich ihm nicht die ungeteilte Aufmerksamkeit, die er brauchte. Durch meine unsensible Art verletzt, bat er mich, ihn in Zukunft in Ruhe zu lassen. Alle meine Versuche, mich ihm zu nähern, wurden zurückgewiesen. Nichts im Verlauf unserer bisherigen Beziehung hatte mich darauf vorbereitet. Mein Freund war emotional immer stabil gewesen und frühere Probleme hielten nie länger als ein paar Tage an. Aber nicht so dieses Mal. Diese Situation hatte ihn an den Rand der Verzweiflung gebracht.

Über ein Jahr lang hielt er mich auf Distanz. Während dieser ganzen Zeit beschloss ich, an unserer Freundschaft festzuhalten, egal, wie distanziert er sich auch verhalten mochte.

Fast ein Jahr nach dem Tod seiner Mutter sagte er eines Nachmittags in seinem Büro zu mir: »Bill, danke, dass du mich nicht aufgegeben hast. Ich bin hart mit dir umgesprungen, aber du hast zu mir gehalten.«

Da wir uns gegenseitig während des ganzen Jahres nicht im Stich gelassen hatten, sind wir beide erstaunlicherweise engere Freunde als je zuvor. In der Vergangenheit hatte er meine fehlende Sensibilität zwar bemerkt, aber nie darunter gelitten. Ich hatte seine Eigenheit, sich von Menschen zu distanzieren, wenn er verletzt war, zwar wahrgenommen, aber noch nie am eigenen Leib zu spüren bekommen. Durch diese Krise hat jeder von uns die Schwächen bzw. Unreife des anderen entdeckt. Und trotzdem hielten wir an unserer Beziehung fest. Wir haben diese Krise unserer Freundschaft erfolgreich durchgestanden und sind als echte Freunde daraus hervorgegangen.

Wenn eine Beziehung die Phase der tiefen Freundschaft erreicht, ist sie durch kein bestimmtes Rollenverhalten gekennzeichnet. Jeder Mann fühlt sich sicher genug, sich albern, dumm, ernst oder sogar kindisch verhalten zu dürfen. Er kann er selbst sein, ohne Angst vor einer Zurückweisung haben zu müssen. Er kann seine Erfolge und Misserfolge offen aussprechen, weil er weiß, dass er bedingungslos akzeptiert wird.

Von der Kunst der Freundschaft

Viele Männer können sich noch daran erinnern, wie schön es war, als Kind einen echten Kamerad und Kumpel gehabt zu haben. Heute, als Erwachsene, sprechen sie davon, dass sie eine Gruppe brauchen, der sie verantwortlich sind und die ihnen hilft, ihre Versprechen Gott und ihrer Frau gegenüber einzuhalten. Sie sehen in einer solchen Gruppe einen Ort, an dem sie Rechenschaft darüber ablegen, wie die Dinge in ihrem Leben so laufen. Sie sehen darin aber oft keinen Ort, an dem sich ein paar Freunde treffen, die sich sympathisch finden.

Da die meisten Gruppenfreundschaften bei der »Hilfst du mir, helf ich dir«-Phase beginnen, sollte diese Einstellung uns nicht sonderlich wundern. Männer treffen sich in solchen Gruppen, weil es für alle Beteiligten von Nutzen ist, und nicht deshalb, weil sie einander mögen. Es kann sogar sein, dass sie sich untereinander noch nicht einmal kennen.

Am Anfang stehen natürlich immer die besten Absichten. Als Mann möchte man offen über sein Leben sprechen, mit seinen unmoralischen sexuellen Praktiken brechen und regelmäßig teilnehmen.

Aber für einen Mann ist es auch schwierig, sich mit einer Gruppe von Männern zu treffen, die er gar nicht so gut kennt. Für ihn ist Offenheit anderen Männern gegenüber gar nicht so einfach, wenn er mit ihnen in Konkurrenz steht. Es fällt ihm schwer, sich fallen zu lassen, wenn er eigentlich gerne seine Unabhängigkeit demonstrieren möchte. Ist er in Sünde gefallen, würde er das Treffen am liebsten ganz ausfallen lassen, denn er möchte, dass man ihn für besonders »geistlich« hält. Das Traurige daran ist nur, dass er vielleicht nicht mehr zur Gruppe zurückfindet, weil ihm keiner nachgeht.

Manchmal spüren die Teilnehmer der Gruppe, dass etwas nicht stimmt, aber sie wissen nicht genau, was los ist. Um die Beziehungen untereinander zu festigen, werden dann gemeinsame sportliche Aktivitäten geplant, die dazu beitragen, Freundschaften zu erleichtern. Dadurch wird die Gruppe zur Phase der Freizeitbeziehungen geführt. Aber es bedarf noch mehr.

Sie brauchen ein oder zwei wirklich gute Freunde, bei denen Sie sich sicher fühlen; Freunde, die für Sie da sind, egal, was Sie sagen oder tun; Freunde, die Ihnen bei Ihren

Problemen helfen; Freunde, die Sie zurechtweisen und trösten können.

Das ist die Art von Freundschaft, bei der man gegenseitig Rechenschaft ablegt, weil Sie sich hier mit Männern treffen, die sich umeinander sorgen und großes persönliches Interesse aneinander haben. Diese Freunde stellen Sie auf die Probe, weil sie Sie lieben und sie wollen, dass Ihr Leben gelingt. Und umgekehrt.

In einer schnelllebigen Gesellschaft wie der unsrigen erwarten wir vielleicht, dass sich solche Freundschaften schon nach einem oder zwei Treffen entwickeln. Aber machen Sie sich bewusst, dass es Zeit braucht, bis man von einer oberflächlichen, zweckorientierten Beziehung zu einer innigen Beziehung findet. Wir sollten uns deshalb Gedanken darüber machen, wie wir das Wachstum einer wahren Freundschaft fördern können.

Verbindlichkeit gegenüber Gott

Glücklicherweise bietet uns Gottes Wort einige Hilfestellungen. Die Beziehung von Jonatan und David kann ein Beispiel für uns sein, wie wir eine enge Männerfreundschaft pflegen können.

Der erste Freundschaftsbeweis zwischen diesen beiden Männern, der in der Bibel festgehalten ist, zeigt sich in der Begegnung zwischen ihnen, nachdem David Goliat besiegt hat. Jonatan war der Sohn des Königs Saul, ein Prinz. Genau wie David hatte er einen festen Glauben an Gott. Vor Davids legendärem Ein-Mann-Kampf mit Goliat hatten Jonatan und sein Waffenträger die Philister angegriffen und besiegt. Vor dem Kampf hatte Jonatan zu seinem Waffenträger gesagt: »Es ist dem Herrn nicht schwer, durch viel oder wenig zu helfen« (1 Sam 14,6).

Die Worte Jonatans ähnelten den Worten, die David Goliat entgegenschleuderte: »Du kommst zu mir mit

Schwert, Lanze und Spieß, ich aber komme zu dir im Namen des HERRN Zebaoth, des Gottes des Heeres Israels, den du verhöhnt hast. Heute wird dich der HERR in meine Hand geben« (1 Sam 17,45–46).

Als Männer, die rein sein wollen, stehen wir in einem geistlichen Kampf. Deshalb brauchen wir Freunde, deren Glauben uns dazu herausfordern kann, ein gottgefälliges Leben zu führen, die uns zur Rede stellen, wenn wir uns irren, und die uns trösten, wenn wir entmutigt sind.

Als Jonatan Davids Worte hörte und seinen heldenhaften Glauben sah, wusste er, dass er diesen Mann zum Freund haben wollte. Er beschloss, alles zu tun, um die Freundschaft zu pflegen.

Das Erste, worauf Sie bei einem möglichen Freund achten sollten, ist seine Verbindlichkeit gegenüber Gott. Er muss nicht perfekt sein – das wird er auch nicht sein –, aber er sollte ernsthaft darum bemüht sein, in seiner Beziehung zu Christus wachsen zu wollen.

Gerade diese Hingabe an Gott ist es, die uns dazu veranlasst, die entsprechenden Schritte zu unternehmen, um rein zu werden. Ich habe bereits davon berichtet, wie ich gegenüber meiner Samstagmorgengruppe mein Handeln vor dem Haus meiner Nachbarn gebeichtet habe. Als zwei aus der Gruppe zugaben, dass sie das Gleiche schon über ein Jahr lang taten, wurde mir bewusst, dass schleunigst etwas passieren musste, damit ich nicht wie sie jahrelang an dieses zwanghafte Verhalten gebunden sein würde.

Nach unserem Treffen fuhr ich zu meinem Nachbarn und erzählte ihm, dass mein Hund kürzlich abends angeschlagen hätte, was völlig der Wahrheit entsprach. Ich erzählte ihm weiter – natürlich ebenso wahrheitsgemäß –, dass eine Nachbarin meiner Frau erzählt hätte, dass sie »eines Abends einen Mann in ihr Fenster hatte spähen sehen«. Ich gab ihm zu verstehen, dass ich nicht wollte, dass irgendjemand meine Garageneinfahrt als Ort missbrauchte, um in seine Privatsphäre einzudringen, und dass mir daran lag, dass er und seine Frau die Rolläden nachts geschlossen hielten.

Er dankte mir und sagte, seine Frau hätte einmal einen Mann durch ihr Fenster schauen sehen und er wüsste, dass ein Spanner in der Gegend sei.

Dieser Besuch bei meinem Nachbarn war mir sehr schwer gefallen, aber dadurch hatte ich meine sexuellen Triebe selbst in die Schranken gewiesen. Aber dieser Besuch bewirkte sogar noch mehr: Er verschaffte mir die Gelegenheit, meine Freunde dazu zu ermutigen, ähnliche Schritte zu unternehmen, – was sie dann auch taten.

Letztendlich ist es unsere Entschiedenheit für Christus, die uns zu einem solchen Handeln bewegt.

Verbindlichkeit untereinander

Es kommt der Punkt in einer Beziehung, an dem Sie eine bewusste Entscheidung treffen müssen, ob Sie zu Ihrem Freund halten wollen, komme, was wolle. Bei Jonatan war das auch so. Er schloss einen Bund mit David, der auf gegenseitigem Vertrauen und Verständnis beruhte (1 Sam 18,1–4). Sie versprachen sich, für den Rest ihres Lebens einander wahre und treue Freunde zu sein.

Als Zeichen seiner Verbundenheit machte Jonatan David ein wertvolles Geschenk. Da Jonatan ein Prinz bzw. Königssohn war, gehörte er zu den wenigen Männern in Israel, die ein Schwert besaßen. Er gab David nicht nur dieses Schwert, sondern auch seinen Bogen, seinen Gurt, seinen Rock und seine Rüstung. Jonatan gab David somit seine wertvollsten Besitztümer. Damit brachte er zum Ausdruck: »Alles, was ich habe, gehört dir.«

Denken Sie einmal über freundschaftliche Verbundenheit nach! Wir haben zwar kein Schwert, keinen Bogen und keinen Gurt, aber wir haben etwas von großem Wert, das wir unserem engsten Freund geben können. Es ist etwas, worüber wir bereits gesprochen haben: unsere Zeit. Sie können Ihrem besten Freund nichts Wertvolleres geben als das. Mir ist bewusst geworden, dass ich meine Zeit gar nicht mal in großen Portionen abgeben muss, sondern dass schon wöchentliche Telefonate oder E-Mail-Nachrichten ausreichen, um zu sehen, wie es meinen Freunden geht. Ich sollte mich bereithalten, wenn sie jemanden zum Reden brauchen. Ich sollte bereit sein, alles stehen und liegen zu lassen, um für sie ein offenes Ohr zu haben, wenn es darauf ankommt.

Eines Abends machte ich eine lebensverändernde Erfahrung, die durch Ereignisse hervorgerufen wurde, die außerhalb meiner Kontrolle lagen. Während eines Telefonats mit einem Freund sagte dieser: »Ich hol dich dann morgen früh ab und wir können dann den Tag zusammen verbringen.«

»Ich dachte, du müsstest nach San Diego fliegen, um deinen Vertrag abzuschließen«, erwiderte ich.

»Das hat sich erledigt«, sagte er. »Ich muss jetzt einfach mal für dich da sein.«

Das ist die Art von Unterstützung und Zuwendung, die sich gute Freunde geben sollten.

Jonatan tat dies für David auf zweierlei Art. Zum einen setzte er sich voll und ganz für ihn ein. Als Jonatans Vater, König Saul, David töten wollte, sprach der junge Königssohn mit seinem Vater über Davids Unschuld. Später half er David, vor dem Zorn des Königs zu fliehen (1 Sam 19,1–7; 20,1–42).

Zum anderen ermutigte er David im Glauben. Erschöpft durch die unentwegte Verfolgungsjagd durch König Saul, war der kleine Wunderknabe, der den Riesen getötet hatte, am Rande der Verzweiflung. So suchte David samt seinen Männern in einer Höhle im Gebirge in der Wüste Sif Zuflucht. Jonatan wusste, dass sein Freund deprimiert war, und er wusste auch, wo sich dieser versteckt hielt. Ungeachtet des Zornes seines Vaters ging Jonatan zu

David und bestärkte ihn in seinem Vertrauen auf Gott. Er sagte zu seinem Freund David: »Fürchte dich nicht! Sauls, meines Vaters, Hand wird dich nicht erreichen, und du wirst König werden über Israel, und ich werde der Zweite nach dir sein; auch mein Vater weiß das sehr wohl« (1 Sam 23,17).

Diese kurze Begegnung sollte das letzte Mal sein, dass David seinen Freund lebend sah. Aber was für eine Begegnung! Jonatan erinnerte David daran, dass Gott ihn eines Tages zum König machen würde. Dadurch bestätigte er ihm, dass David eines Tages auf dem Thron sitzen würde – und nicht er, obwohl er selbst Königssohn war. Jonatan war David so sehr zugetan, dass kein Raum blieb für Neid oder Konkurrenzdenken. Jonatan glaubte, dass es Gottes Plan für ihn war, nur die Nummer zwei zu sein. Und wenn das Gottes Plan war, dann war er damit einverstanden.

Reinheit auf moralischem Gebiet zu wahren ist ein täglicher Kampf. Es ist ein Kampf, der ein ungeheueres Maß an Entschlossenheit und Teamarbeit erfordert. Wenn ich den Eindruck habe, dass sich einer meiner Freunde in seine »Höhle« zurückzieht, gehe ich ihm nach. Wenn einer meiner Freunde meint, ich würde mich abkapseln, dann sucht er mich auf. Warum? Weil der Rückzug ein erstes Zeichen dafür ist, dass ein Mann kapituliert. In solchen Zeiten müssen wir Jonatans Beispiel folgen und nach unseren Freunden sehen und sie im Glauben stärken. Und wir sollten ihnen auch zugestehen, das Gleiche für uns zu tun.

Die Frage ist nur, wie wir das tun können, wenn es um die Reinheit im sexuellen Bereich geht.

Klare Zielsetzungen für gemeinsame Treffen

Vor sieben oder acht Jahren sprach ich nach dem Mittagessen noch mit einem Freund und fragte ihn dabei: »Wie gehst du eigentlich mit sexuellen Anfechtungen um, wenn du unterwegs bist?«

Verdutzt durch meine direkte Art, lächelte er nur und schaute in eine andere Richtung. »Warum fragst du?«

»Weil es für mich immer eine Versuchung ist, wenn ich auf Reisen bin. Ich mache mir um dich Sorgen und dachte, ich müsste dich mal daraufhin ansprechen.«

»Na ja, es klappt nicht so, wie ich möchte«, meinte er ganz ehrlich. »Aber ich gebe mein Bestes.«

In der darauf folgenden Woche schloss er sich mit mir und zwei anderen Männern zusammen einer Gruppe an, die sich jede Woche dienstagmorgens trifft. Mit der Zeit haben wir für uns einige Prinzipien und Richtlinien erarbeitet, die uns dabei helfen sollen, ein moralisch reines Leben zu führen:

1. Mein Ziel ist es, so wie Jesus Christus zu werden. Ich möchte die Versprechen, die ich Gott, meiner Frau und meinen Kindern gebe, auch einhalten. Ich möchte auf sexuellem Gebiet rein sein.
2. Ich will immer daran denken, dass wir alle im selben Boot sitzen und alle für die Sünde empfänglich sind.
3. Ich werde unsere persönlichen Probleme mit niemandem außerhalb der Gruppe besprechen, es sei denn, jemand ist in unmittelbarer Gefahr oder es hat ein Verbrechen stattgefunden.
4. Ich werde die Mitglieder meiner Gruppe nie belügen.
5. Ich werde immer davon ausgehen, dass alle anderen in der Gruppe ihre Sünden genauso verheimlichen wollen wie ich. Deshalb gestatte ich es den anderen in der Gruppe, wenn es sich nicht vermeiden lässt, mir gezielt Fragen zu meinem Verhalten zu stellen. Dasselbe erwarten sie auch von mir.

> 6. Ich werde versuchen, mir die Rituale, die dem Ausleben einer konkreten sexuellen Sünde vorausgehen, bewusst zu machen und sie der Gruppe mitteilen, damit sie sich ein Bild darüber machen kann, wie es um mich steht.

Fangen Sie an, sich mit diesen Prinzipien im Hinterkopf nach einem Freund umzusehen, mit dem Sie sich austauschen können. Suchen Sie sich jemanden, der Ihr Christsein teilt. Wählen Sie jemanden aus, von dem Sie wissen, dass er ein reines Leben führen will. Fragen Sie ihn, ob er sich regelmäßig mit Ihnen zur gegenseitigen Ermutigung und Unterstützung treffen möchte. Lassen Sie ihn gleich beim ersten Treffen wissen, dass Sie an einer Freundschaft mit ihm interessiert sind, damit Sie Ihre Versprechen gegenüber Gott, Ihrer Frau und Ihren Kindern besser einhalten können. Geben Sie ihm auch zu verstehen, dass Sie den Beistand eines Freundes brauchen, um ein moralisch reines Leben zu führen, und sagen Sie ihm, dass Sie es schön fänden, wenn es ihm genauso ginge.

Gehen Sie immer nur einen Schritt nach dem anderen. Wenn Sie sich dem Freund und Partner öffnen und von Ihren Problemen erzählen, geben Sie ihm die Zeit, die er braucht, um sich sicher zu fühlen und auch von seinen Anfechtungen und inneren Kämpfen berichten zu können. Wenn Sie über Ihre Versuchungen sprechen, denken Sie daran, dass Ihr Ziel letztlich nicht darin besteht, sich im Versagen weiterzuhelfen. Ihr Ziel ist es vielmehr, sich zusammen auf Gott hin auszurichten und sich dahingehend zu bestärken.

Wenn Sie die oben genannten Leitlinien besprechen, achten Sie darauf, dass nicht einer diese Leitlinien dazu missbraucht, den anderen zu kontrollieren. Sprechen Sie darüber. Benutzen Sie andere Worte und Formulierungen dafür. Machen Sie sie sich zu Eigen. Wenn Sie beide alle Richtlinien akzeptiert haben, dürfen Sie sich noch offener miteinander austauschen und dem anderen noch gezieltere Fragen stellen.

Wahrscheinlich wird es aber nicht sehr lange dauern, bis irgendetwas schief geht. Es kann sein, dass einer sündigt und Ausreden erfindet, warum er nicht zum gemeinsamen Treffen gekommen ist, oder einer sagt oder tut etwas, das den anderen verletzt. Dann werden Sie sich wahrscheinlich fragen, warum das passiert ist. »Es lief doch alles bis jetzt so gut!«

Wie Sie Fehlschläge gemeinsam überstehen

Wenn Sie schwierige Zeiten durchleben, kann es sein, dass Gott Ihre Beziehung von der Phase der Freundschaft zur Phase der tiefen Freundschaft bzw. Busenfreundschaft hinlenkt. Vielleicht sind Sie an dem Punkt angekommen, an dem Sie diese Beziehung in den Wind schreiben wollen. Aber wenn Sie das Handtuch werfen, wird Ihre Freundschaft sehr wahrscheinlich wieder auf ein oberflächlicheres Niveau zurückkehren.

Versuchen Sie, dem Beispiel Jesu zu folgen. Nachdem Petrus ihn verleugnet hatte, vergab Jesus Petrus und versicherte ihn seiner späteren Berufung. Und wie reagierte Petrus darauf? Er nahm die Vergebung des Herrn an und lernte aus seinen Fehlern. So wurde er anderen gegenüber barmherziger. Er ermahnt uns, »mitleidig, brüderlich, barmherzig, demütig« zu sein (1 Petr 3,8). Petrus hatte aus eigener Erfahrung den Wert dieser Eigenschaften schätzen gelernt. Und das sollten auch wir.

Wenn Ihr Freund eine Sünde begeht, kann es sein, dass er Ihnen aus dem Weg geht und Sie genauso wenig sehen will, wie Sie ihn sehen wollen, wenn Sie gestolpert sind. Er wird sich vielleicht dagegen sträuben, Ihnen zu sagen, was er getan hat. Er stellt vielleicht alle möglichen Ausreden in den Raum, um zu erklären, warum er sich von

Ihnen fern gehalten hat. Ihre Aufgabe ist es, ihn zur Rede zu stellen. Zeigen Sie ihm, dass Sie ihn auch weiterhin akzeptieren, und dann stellen Sie ihm die Frage: »Hast du irgendetwas getan, was du nicht tun solltest, seit wir uns das letzte Mal getroffen haben?«

Wenn er die Frage bejaht, forschen Sie nach dem Grund seiner Verfehlung. Fragen Sie ihn, welches Ritual ihn auf den »schlüpfrigen Weg« zurückgebracht hat. Versuchen Sie, eine Strategie zu entwickeln, damit das nicht wieder vorkommt. Vergessen Sie nicht, dass der Schlüssel zu einem reinen und keuschen Leben darin liegt, die Lust an der Wurzel zu kappen, d. h. bereits im Stadium der gedanklichen Beschäftigung damit und der Ritualisierung. Es ist Ihre Aufgabe, Ihrem Freund dabei zu helfen, und wenn er fällt, ist es Ihre Aufgabe, ihn wieder aufzurichten. Und seine Aufgabe ist es, das Gleiche bei Ihnen zu tun.

Geben Sie nicht auf!

Kürzlich fragte ich die Männer meiner Dienstagmorgengruppe: »Wie würde es euch eigentlich ergehen, wenn ihr diese Gruppe nicht hättet?«

»Das könnte ich mir überhaupt nicht vorstellen«, lautete eine der Antworten.

»Ich bin mir sicher, dass ich dann jetzt schon ein größeres Problem hätte«, meinte ein anderer.

Ich kann gar nicht beschreiben, wie sehr ich diese Männer liebe und schätze. Ich kann gar nicht mit Worten ausdrücken, wie ihr Trost und ihre Korrektur in meinem Leben von Gott benutzt wurden. Und das wünsche ich auch Ihnen. Aber Sie können sicher sein, dass einem solche Freundschaften nicht in den Schoß fallen. Wie im letzten Kapitel ausgeführt, fallen Männern enge Freundschaften sehr schwer, und sie sträuben sich oft dagegen. Deshalb müssen Sie alles daransetzen, damit der innere

Widerstand dagegen überwunden wird. Beziehungen gehen nicht automatisch in wenigen Wochen von der zweckorientierten Phase zur Freundschaftsphase über. Sie müssen schon bereit sein, etwas zu investieren, wenn die Freundschaft wachsen soll. Und in der Folge müssen Sie es sich vielleicht gefallen lassen, von Ihrem Freund »getreten und gebissen« zu werden.

Das erinnert mich an die Geschichte von einem Mann, der einen zwei Monate alten Labrador unter einer Brücke im Schlamm liegen sah. Der Hund hatte am Kopf eine offene Wunde, und seine Vorderbeine waren an den Stellen geschwollen, an denen sie mit einem Seil zusammengebunden gewesen waren.

Der Mann ging auf das Tier zu, um ihm zu helfen. Als er nur noch ein paar Schritte von ihm entfernt war, hörte der Hund auf zu winseln und fletschte die Zähne und knurrte. Der Mann fasste in seine Jackentasche und kramte einen Hundekuchen hervor. Er kauerte sich vor den Hund, redete sanft mit ihm und gab ihm das Futter.

Nach einigen Minuten streichelte er das Tier am Kopf und entfernte das verworrene Seil von seinen verletzten Vorderpfoten. Dann trug er den schmutzigen Hund nach Hause, behandelte seine Wunden und gab ihm Nahrung, Wasser und ein bequemes Schlaflager.

Am nächsten Morgen, als der Mann sich dem Hund nähern wollte, knurrte dieser ihn an und schnappte nach ihm. Der Mann war jedoch entschlossen, das Tier zu zähmen, und sprach freundlich mit ihm und gab ihm ein Stück Fleisch zu fressen. Tag um Tag arbeitete er geduldig daran, um den Labrador zum Freund zu gewinnen. Nach einigen Wochen, als der Mann gerade fernsah, trottete der Hund zu seinem Sessel hinüber und leckte ihm den Handrücken ab. Der Mann sah den braunäugigen Labradorhund an, der treu zu ihm aufblickte und mit dem Schwanz wedelte.

Ich glaube, viele Männer sind wie dieser Hund. Sie sind verletzt worden und an die Welt gebunden. Sie misstrauen anderen und versuchen, sie in sicherem Abstand von sich zu halten. Unsere Aufgabe ist es, eine beständige Liebe und Freundlichkeit an den Tag zu legen. Wenn wir einen Freund wollen, dann müssen wir uns zu lebenslanger Treue, Loyalität und Vertrauen verpflichten. Wir müssen bereit sein, sein Knurren und Beißen zu ertragen. Aber wenn wir am Ball bleiben, werden wir eines Tages entdecken, dass wir einen guten Freund haben, jemanden, der sich bei uns sicher fühlt und bei dem wir uns sicher fühlen, jemanden, der uns hilft, ein moralisch reines Leben zu führen, während wir ihm auch helfen, das Gleiche zu tun.

Natürlich gibt es noch eine andere entscheidende Beziehung, wenn es darum geht, rein zu werden, und das ist die Beziehung, die wir zu unserer Frau haben. Darüber sprechen wir im nächsten Kapitel.

Denkanstöße

1. Was sind die vier Phasen von Männerfreundschaften? Wie unterscheiden sie sich im Einzelnen?
2. Wie gestaltet sich der Übergang einer Beziehung von der Freundschaft zur Busenfreundschaft? Hatten Sie schon einmal eine solche Freundschaft, die Sie nicht retten konnten? Haben Sie Beziehungen, die diese Übergangsphase überstanden haben? Was ist daraus geworden?
3. Warum braucht ein Mann einen anderen Mann zum Freund?
4. Wie lange dauert es, echte Freunde zu werden? Warum?
5. Was können Sie dazu tun, um tiefere Freundschaften zu pflegen?
6. Betrachten Sie sich nochmals die Richtlinien für eine Gruppe, die sich dem Ziel verschrieben hat, ihren Mitgliedern dabei zu helfen, ein reines Leben zu führen. Welches ist die wichtigste für Sie? Warum?

Kapitel 12

Reiner Sex

Etwa einen Monat nach unserer Hochzeit putzten Cindy und ich nachmittags gerade unsere Wohnung, als das Telefon klingelte. Ich nahm den Hörer ab und hörte die freundliche Stimme einer jungen Frau, der ich vor einem Jahr in Dallas begegnet war.

»Hallloooo!«, säuselte sie. »Hier spricht Diane. Wir haben uns auf einer Party bei Joe Glickman kennen gelernt, und ich hatte Ihnen gesagt, dass ich Sie anrufen würde, wenn ich mal nach Austin käme. Nun bin ich hier und dachte, wir könnten mal zusammen ausgehen.«

»Ich fühle mich geschmeichelt über Ihren Anruf, aber ich bin inzwischen verheiratet.«

»Oh!?«, meinte sie etwas verdutzt. »Das heißt also, Sie sind nicht mehr zu haben.«

»Jawohl, so ist es. Aber vielen Dank für Ihren Anruf.«

Nachdem ich den Hörer aufgelegt hatte, wurde mir schmerzlich bewusst, dass ich für den Rest meines Lebens keine andere als meine Frau mehr ausführen, küssen, umarmen und romantisch umwerben konnte.

»Wer hat denn angerufen?«, fragte Cindy.

»Eine junge Frau, die ich vor einiger Zeit getroffen habe und die mit mir ausgehen wollte.«

Cindy lächelte, schlang ihre Arme um mich und flüsterte: »Nun, du bist ja inzwischen aus dem Rennen.«

Das war vor 25 Jahren. Seitdem standen wir immer vor der Herausforderung, das Feuer unserer romantischen Liebe am Lodern zu halten. Es passiert sehr leicht, dass Männer nach der Hochzeit Sex langweilig finden. Es ist nicht sehr spannend für sie, immer dasselbe mit derselben Person zu tun. Wenn das der Fall ist, bekommt Pornografie, eine Affäre oder ein One-Night-Stand einen ganz besonderen Reiz und zieht sie magisch an.

Bisher haben wir davon gesprochen, wie wir ein schädliches Sexualverhalten unterbinden können. Aber das ist nur der eine Teil der Angelegenheit. Die andere Hälfte betrifft Ihre Beziehung zu Ihrer Frau. In diesem Kapitel werden wir darüber nachdenken, wie wir die Leidenschaft in unserer Ehe neu entfachen können. Wenn Sie noch alleine leben, können diese Anregungen Ihnen eine Vorfreude auf die Zeit des Verheiratet-Seins vermitteln.

Gottes Anweisungen für dynamischen, erfüllten Sex

Auf den ersten Blick erscheinen Paulus' Ratschläge in Bezug auf die sexuelle Beziehung zwischen einem Mann und einer Frau eher etwas oberflächlich. Aber auf den zweiten Blick erschließen sie vier wichtige Grundsätze, die beträchtliche sexuelle Energie in die Beziehung zwischen einem Ehepaar bringen können.

Erstens: Ihr Körper gehört Ihrer Frau

Paulus schreibt: »Der Mann leiste der Frau, was er ihr schuldig ist, desgleichen die Frau dem Mann. Die Frau verfügt nicht über ihren Leib, sondern der Mann. Ebenso verfügt der Mann nicht über seinen Leib, sondern die Frau« (1 Kor 7,3–4).

Vielleicht sagen Sie sich jetzt: »Moment mal! Paulus spricht hier doch davon, dass die Frau nicht über ihren

Körper verfügt, sondern ihr Mann.« Damit haben Sie sicher nicht Unrecht. Paulus sagte das so. Aber diese Ratschläge sind an Ihre Frau gerichtet und nicht an Sie. Ihre Einstellung sollte so sein, dass sie ihren Körper nicht als den ihren sieht, sondern als den ihres Mannes. Sie soll auch nicht denken, dass Ihr Körper für sie da ist. Umgekehrt gilt: Sie sollten Ihren Körper so behandeln, als gehöre er Ihrer Frau. Aber Sie sollten den Körper Ihrer Frau nicht so behandeln, als sei er nur für Sie da. Jeder von Ihnen sollte sich bewusst machen, dass er für den anderen da ist.

Das ist eine grundlegende Aussage. Sie zielt darauf ab, dass Ihre sexuelle Energie für niemanden sonst da ist als für Ihre Frau. Und deshalb sollte sie auch auf sie gerichtet sein und nicht auf eine andere Frau oder auf ein Bild von einer Frau.

Wie wir bereits in Kapitel 1 gesehen haben, ist es ganz normal, dass Sie sich zu einer schönen Frau hingezogen fühlen. Gott hat Sie so angelegt. Sie müssen jedoch Disziplin walten lassen. Wenn Sie das nächste Mal eine Frau sehen und merken, dass Sie von ihr sexuell erregt werden, sagen Sie sich: »Ich freue mich, dass Gott die Frau schön gemacht hat und mir die Fähigkeit geschenkt hat, mich an ihr zu erfreuen. Aber ich gehöre zu meiner Frau.« Anstatt von einer anderen Frau zu träumen, nutzen Sie den Augenblick des sexuellen Interesses, um sich innerlich wieder ganz Ihrer Frau zuzuwenden. Machen Sie sich bewusst, dass Ihr Körper Ihrer eigenen Frau gehört.

Salomo hat uns dazu ermahnt, als er von der Zuneigung eines Mannes zu seiner Frau schrieb. Er schwärmt: »Sie ist lieblich wie eine Gazelle und holdselig wie ein Reh. Laß dich von ihrer Anmut allezeit sättigen und ergötze dich allewege an ihrer Liebe« (Spr 5,19). Egal, wie lange ein Mann verheiratet ist, er sollte von der Liebe seiner Frau ganz und gar ergriffen, ja berauscht sein. Er sollte immer an ihr Gefallen haben.

Zweitens: Sie sollen die sexuellen Wünsche Ihrer Frau erfüllen

Dieser Punkt ergibt sich ganz natürlich aus dem ersten. Wenn ich für meine Frau da bin, dann ist es auch ganz natürlich und logisch, dass es meine Verantwortung ist, ihre sexuellen Wünsche zu erfüllen. Was mich immer wieder fasziniert, ist die Tatsache, dass einen Mann nichts so sehr erregt wie die Tatsache, dass seine Frau erregt ist. Wir finden selbst viel Vergnügen, wenn wir unserer Frau Vergnügen bereiten.

Das Problem ist nur, dass die meisten Männer vergessen, dass ihre Ehefrauen Frauen sind. Wir neigen dazu, das für unsere Frau zu tun, was wir gerne von ihr getan hätten. Natürlich trifft das auch auf unsere Frau zu. Wenn wir Paulus' Ermahnung ernst nehmen, müssen wir herausfinden, was unsere Frau erregt, und es für sie tun. Da ich in diesem Kapitel unmöglich alles ansprechen kann, was Frauen gerne mögen, möchte ich nur einen Blick auf die wichtigsten Dinge werfen, die wir tun können, um unsere Frau sexuell zu stimulieren und die Leidenschaftlichkeit in unserer Ehe zu steigern.

Bleiben Sie im ersten Gang!
Mein jüngster Sohn hat erst vor kurzem gelernt, unseren Mazda mit seinen fünf Gängen zu fahren. Es wunderte mich nicht, dass er eine ganze Weile brauchte, um zu lernen, wie er die Kupplung zu betätigen und seine Fußbewegungen zu koordinieren hatte. Bestimmt ruft das bei uns allen jene abenteuerlichen Erinnerungen an unsere ersten ruckartigen Fahrstunden hervor, als wir gelernt haben, die Kupplung im richtigen Moment loszulassen und gleichzeitig das Gaspedal nach unten zu treten.

Das Erstaunliche für mich aber war zu sehen, wie viel Mühe es ihm machte zu lernen, wann er von einem Gang in den nächsten schalten musste. Zu Beginn schaltete er immer zu früh vom ersten in den zweiten und dann gleich in den dritten Gang, bevor er überhaupt genug Geschwindigkeit hatte. Es kam auch vor, dass wir einen Hang hinauffuhren und nicht genug Schwung hatten, um bis nach oben zu gelangen.

Für mich ist dieses Beispiel vom Autofahren ein Sinnbild für das Verhalten des Mannes, der bei einer Frau gleich vom ersten in den fünften Gang schalten will, bevor sie überhaupt genug sexuelle Energie aufgebaut hat, um zum Höhepunkt zu gelangen. Der Grund für dieses männliche Verhalten liegt darin, dass unser sexuelles Tachometer schon nach etwa fünf Minuten in den Drehzahlbereich gelangt, in dem wir das Bedürfnis haben, den nächsten Gang einzulegen.

Eines Nachmittags, als Cindy und ich mit dem Vorspiel beschäftigt waren und sie langsam meine Schultern, meinen Rücken, meinen Hals, Kopf, die Arme und Hände streichelte, ertappte ich mich bei dem Gedanken: *Wenn ich gewollt hätte, dass mich jemand so rubbelt, hätte ich auch zu einer Masseuse gehen können!*

Natürlich tat Cindy genau das bei mir, was sie sich von mir wünschte. Da ihr Motor sozusagen noch nicht meinen Drehzahlbereich erreicht hatte, war es nötig, langsam und behutsam vorzugehen und nicht schon den nächsten Gang einzulegen, obwohl sie noch gar nicht so weit war.

Wenn Sie die sexuellen Bedürfnisse Ihrer Frau befriedigen wollen, bleiben Sie im ersten Gang, bis Sie merken, dass sie für den nächsten Gang bereit ist. Schenken Sie Ihrer Frau die nötige Zeit zum Warmwerden.

Es ist natürlich hilfreich, wenn Sie wissen, was Ihre Frau gerne hat. Gehen Sie nicht davon aus, dass sie etwas mag, nur weil Sie es schon x-mal gemacht haben. Fragen Sie sie, was sie erregt. Finden Sie heraus, in welchem Tempo und an welchen Stellen sie gerne verwöhnt werden möchte. Kommunikation und Offenheit ist auch in diesem Bereich Ihrer Ehe wichtig. Vielleicht hilft Ihnen das Spiel, das Cindy und ich von Zeit zu Zeit spielen. Ich bin mir sicher, dass Ihre Frau es auch mögen wird.

Suchen Sie sich einen Abend aus, an dem Sie ungestört sind. Sagen Sie Ihrer Frau im Voraus, dass Sie alles genau nach ihren Anweisungen machen wollen. Jede Berührung und jede Bewegung soll in dem Tempo und an der Stelle erfolgen, die sie angibt. Behalten Sie immer im Auge, dass das Ziel nicht Ihre eigene, sondern die Befriedigung Ihrer Frau ist. Finden Sie heraus, wie sie ihre Brüste, ihren Bauch, ihre kleinen Schamlippen und ihre Klitoris gestreichelt haben möchte.

Folgen Sie den Anweisungen Ihrer Frau!
Wahrscheinlich werden Sie entdecken, dass sie weit länger in jedem Gang bleiben möchte, als Ihnen lieb ist. Aber tun Sie es einfach. Drosseln Sie das Tempo! Seien Sie insbesondere offen für Anweisungen, wie Sie ihre Klitoris streicheln sollen. Vergessen Sie nicht, dass dies der Schlüssel zur sexuellen Befriedigung einer Frau ist. Wenn Sie es versäumen, ihre Klitoris zu stimulieren, gibt ihr das genauso wenig Befriedigung, wie Sie beim Sex haben, wenn Ihr Penis nicht erigiert. In der Klitoris führen sozusagen alle empfindlichen Nervenendungen in einem winzigen Punkt zusammen und werden von einem feinen Gewebe umschlossen. Die Klitoris ist weit empfindsamer als der Penis und muss behutsam behandelt werden. Selbst wenn sie durch den Geschlechtsverkehr oder auf andere Weise stimuliert wurde, dauert es doch in den meisten Fällen bei einer Frau länger als beim Mann, einen Orgasmus zu bekommen.

Wahrscheinlich wünscht Ihre Frau gar keine direkte Stimulation ihrer Klitoris, bevor sie nicht feucht ist. Es ist nicht angenehm, wenn die Klitoris gestreichelt wird, wenn sie noch trocken ist. Feuchtigkeit um die Vagina einer Frau ist ein Zeichen für ihre sexuelle Erregung.

Erstaunlicherweise spielte selbst Salomo auf poetische Weise auf die Erregung seiner Braut und ihren Sekretfluss an, als er schrieb: »Ein Gartenbrunnen bist du, ein Born lebendigen Wassers, das vom Libanon fließt« (Hld 4,15). Es ist faszinierend, wie er unter göttlicher Inspiration die Schönheit und den lieblichen Duft seiner sexuell erregten Braut pries (Hld 4,13–14).

Je geübter Sie darin sind, Ihre Frau sexuell zu erregen, desto erregter wird sie immer werden. Wenn das geschieht, wird sich auch Ihr eigener Lustgewinn steigern. Und wie ich eingangs sagte, nichts erregt uns Männer mehr als eine sexuell angeturnte Frau. Aber um dahin zu gelangen, müssen wir herausfinden, was unsere Frau erregt.

Emotionale Orgasmen
Eine Sache erstaunt Sie vielleicht: Eine Frau muss nicht jedes Mal einen Orgasmus haben, um sich befriedigt zu fühlen. Als ich meine Ausbildung am theologischen Seminar absolvierte, trafen sich die Frauen der Seminaristen regelmäßig, um sich verschiedene Redner anzuhören. Einmal erhielten auch die Frauen die Möglichkeit, ein kurzes Zeugnis zu geben.

Nach dem Treffen kam Cindy nach Hause und konnte es kaum erwarten, mir zu erzählen, was eine der Frauen gesagt hatte. Diese junge Frau war ans Mikrofon gegangen und hatte erklärt, dass das, was sie zu sagen hätte, eine große Last von vielen der Frauen nehmen würde. Die Frau sagte: »Ich habe immer gedacht, dass ein Orgasmus etwas Körperliches sei. Vergangene Nacht hatte ich einen emotionalen Orgasmus, und nun weiß ich, dass Orgasmen nicht physischer, sondern emotionaler Art sind.«

Cindy und ich mussten lachen, weil wir wussten, dass diese Frau wahrscheinlich eines Tages einen großartigen körperlichen Orgasmus haben und ihr diese Erklärung dann peinlich sein würde. Aber auf den zweiten Blick erkannten wir, dass sie eine wichtige Aussage gemacht hatte. Für Frauen ist es nämlich möglich, viel Freude am Sex zu empfinden, ohne jedes Mal einen Orgasmus haben zu müssen.

Wir Männer können uns das nur schwer vorstellen. Das liegt zum Teil daran, dass der Sex für uns sexuelle Energien freisetzt. Wenn wir uns dem Vorspiel widmen und keinen Orgasmus haben, kann das sogar schmerzlich für uns sein. Auf der anderen Seite baut sich für die Frau beim Sex eine Spannung auf. Wenn sich diese Spannung nicht bis zu dem Punkt aufbaut, an dem sie das Bedürfnis nach einem Orgasmus verspürt, darf man sie auch nicht dazu zwingen.

Sex auf kleiner Flamme
Wenn Sie erst einmal das Tempo und die Stellen herausgefunden haben, die Ihre Frau erregen, versuchen Sie nicht, jedes Mal, wenn Sie zusammen sind, routinemäßig das gleiche Programm abzuspulen. Wir Männer stehen in der Gefahr, eine Technik zu entwickeln und diese immer und immer wieder anwenden zu wollen. Das ist an und für sich gar nicht so schlimm, aber es ist ratsam, mehrere dieser Techniken zu haben, die Sie abwechselnd einsetzen können.

Eine davon ist der Sex, der sich nur ganz allmählich erwärmt; sozusagen der »Sex auf kleiner Flamme«. Diese Art von Sex ist den ganzen Tag und die ganze Nacht »am Köcheln«. Er beginnt morgens, wenn Sie zur Arbeit gehen, mit einer ausgiebigen Umarmung und einem Extrakuss und dem Versprechen, dass Sie Ihre Frau zum Abendessen ausführen. Er wird fortgesetzt mit einem Anruf, der Ihre Zuneigung zum Ausdruck bringt, wird gefolgt von einem Kartengruß oder einer Blume bzw. einem Blumenstrauß.

Beachten Sie, dass ich von »einer Blume bzw. einem Blumenstrauß« gesprochen habe. Ich habe dies bewusst so geschrieben, weil ich vor einigen Jahren die Entdeckung gemacht habe, dass ich für jede romantische Szene bei meiner Frau einen Punkt gut habe. Sowohl eine einzelne Rose als auch ein Dutzend Rosen sind einen Punkt wert. Als mir das bewusst wurde, habe ich beschlossen, mein

Punktekonto zu erhöhen, indem ich ihr lieber häufigere und weniger teure Geschenke machte.

Bringen Sie eine Blume oder einen Blumenstrauß mit nach Hause. Stellen Sie die Blumen in eine Vase und geben Sie Ihrer Frau einen Kuss. Im Laufe der Jahre habe ich gemerkt, dass Cindy beispielsweise sehr gerne mit mir spazieren geht. Finden Sie heraus, ob es etwas Besonderes gibt, das Ihre Frau gerne mit Ihnen zusammen tun würde, und unternehmen Sie diese Aktivität gemeinsam.

Wenn Sie Kinder haben, organisieren Sie für den Abend einen Babysitter. Denken Sie daran, dass Ihre Frau erst »erwärmt« werden muss. Sie muss frei von jeglichem Druck sein. Beim Abendessen sagen Sie ihr, wie sehr Sie sie lieben und wie viel sie Ihnen bedeutet. Auch wenn Sie meinen, dass Sie mit Worten nicht besonders gut umgehen können: Versuchen Sie es trotzdem. Wenn Sie einmal auch nur flüchtig das Hohelied lesen, werden Sie feststellen, dass Salomo seine Zuneigung und Wertschätzung für seine Frau sehr oft zum Ausdruck brachte. Wenn Sie nicht wissen, was Sie sagen sollen, gebe ich Ihnen hier ein paar Anregungen, wie Sie Ihrer Frau Komplimente machen können.

- »Du siehst blendend aus.«
- »Ich bin froh, dass ich mein Leben mit dir teilen kann.«
- »Du hast wunderschöne Augen.«
- »Ich würde dich am liebsten jetzt küssen.«
- »Deine Küsse schmecken wunderbar.«
- »Ich streichle deine schönen Beine so gern.«
- »Ich kann es nicht erwarten, dich überall zu berühren.«
- »Ich kann es nicht abwarten, deinen Körper an meinem zu spüren.«

Wenn Sie nach Hause kommen, nehmen Sie am besten ein gemeinsames Schaumbad oder duschen zusammen. Nachdem Sie sich gegenseitig abgetrocknet haben, massieren Sie Ihre Frau und lassen Sie sich von ihr massieren. Wenn Sie im Bett sind, denken Sie daran, behutsam vorzugehen. Warten Sie, bis Ihre Frau auf Touren gekommen ist, bevor Sie den nächsten Gang einlegen.

Gourmetsex
»Sex auf kleiner Flamme« ist zwar eine großartige Sache, die zu Hause stattfindet, aber gelegentlich sollten Sie einplanen, mit Ihrer Frau an einen romantischen Ort auszugehen. Das muss nicht teuer sein, sollte aber ein Ort sein, an dem sie sich besonders wohl fühlt.

Zum letzten Geburtstag meiner Frau überraschte ich sie mit einer Übernachtung in einer Suite eines hiesigen Hotels. Bevor wir abends zum Essen ausgingen, ließ ich sie einen kleinen Koffer packen. Ich kaufte im Laden um die Ecke einen Strauß nicht allzu teure Blumen (sie bringen trotzdem einen Punkt) und ließ sie vor unserer Ankunft von einem Freund ins Hotel bringen. Als Cindy das Zimmer betrat, waren die Blumen bereits in einer Vase arrangiert und standen auf einem Beistelltisch.

Von da an blieb mir nur noch eines zu tun, behutsam vorzugehen. Ich hatte die ganze Nacht Zeit, sie zu verwöhnen.

Mikrowellensex
Wenn Sie bereit sind, Ihrer Frau regelmäßig Sex, der sich langsam erwärmt, und Gourmetsex zu bieten, wird sie sich wahrscheinlich auch auf »Mikrowellensex« einlassen. Vielleicht ist das sogar eine Kost, die sie selbst von Zeit zu Zeit nicht verachtet. Lassen Sie sie wissen, wenn Sie mal keine Zeit für ausgiebigen Sex haben, dass Sie sich aber freuen würden, wenn Ihre Frau bereit wäre, etwas für Sie »in die Mikrowelle zu stellen«.

Mikrowellensex kann natürlich auf verschiedene Arten erfolgen. Er beinhaltet den Geschlechtsverkehr, die manuelle Stimulation des Mannes durch die Frau oder die gegenseitige manuelle Stimulation. Daneben gibt es noch andere Arten dieses schnellen Sexes, und Sie und Ihre Frau sollten sich frei fühlen, das zu tun, was Sie beide auf Touren bringt, solange es nicht Ihr Gewissen verletzt.

Wenn ein Quickie jedoch das einzige Gericht auf der Speisekarte ist, wird Ihre Frau nicht allzu begeistert davon sein. Aber wenn sie weiß, dass Sie bereit sind, ihr das zu geben, was sie braucht, dann wird sie auch Gefallen daran finden, wenn sie auf diese Art auf Ihre Bedürfnisse eingeht.

Drittens:
Sie sollen sich nicht von Ihrer Frau abwenden

In dem Bestseller »Mars, Venus und Eros – Männer lieben anders. Frauen auch« bemerkt der Autor John Gray:

> »*Hormonell und biologisch sind Männer sehr viel mehr als Frauen auf Sexualität aus. Infolgedessen spukt ihnen der Sex auch häufiger im Kopf herum. Da Männer so oft auf Sex aus sind, fühlen sie sich immer wieder vor den Kopf gestoßen, wenn sie nicht bekommen, wonach sie sich sehnen.*«[1]

Die instinktive Reaktion eines Mannes, wenn er sich zurückgesetzt fühlt, ist Rückzug. Daher erinnert mich das Verhalten eines solchen Mannes an die See-Igel, die an seichten Stellen an der Küste Oregons zu finden sind. Diese schönen Kreaturen sehen aus wie eine geöffnete Blume. Aber in dem Moment, in dem ein Stock ihr weiches Inneres berührt, verschließt sich der See-Igel sofort.

Eine Frau kann viel dazu beitragen, ihrem Mann zu verstehen zu geben, ob sie an Sex interessiert ist oder nicht. Ein Mann weiß, wie er jedes ausgesendete Signal zu deuten hat. Sieht sie ihn an oder wendet sie sich von ihm ab, wenn sie ins Bett kommt? Klagt sie darüber, wie müde sie ist, oder spricht sie darüber, wie gern sie ihn hat? Trägt sie Reizwäsche oder ihr altes Nachthemd aus Baumwollflanell? Sagt sie ihm, dass sie am nächsten Morgen früh aufstehen muss, oder ist Schlaf kein Thema für sie? Schließt sie die Tür und legt romantische Musik auf, bevor sie ins Bett geht, oder stellt sie den Wecker? Wenn wir anfangen, sie zu streicheln, sagt sie: »Das kitzelt«, »Meine Haut spannt heute so«, »Das mag ich nicht besonders« oder »Au, das tut weh!«?

Da Männer in Sachen Sex so empfindlich sind, ist jedes fehlende Interesse vonseiten der Frau wie ein Stich ins Herz, der einen Mann verletzen kann. Und wenn es soweit kommt, dann wird ein Mann sehr zögerlich, weitere Annäherungsversuche zu unternehmen. Mit der Zeit wird er möglicherweise ganz das Interesse am Sex mit seiner Frau verlieren.

Deshalb müssen wir uns bewusst machen, dass das, was unsere Frauen uns oft signalisieren, nicht als Zeichen persönlicher Zurückweisung gemeint ist. Es kann sogar sein, dass sie noch nicht einmal damit andeuten wollen, dass sie keinen Sex haben möchten.

Manchmal, wenn ich Cindy frage, ob sie in Stimmung ist, sagt sie mir: »Ich weiß nicht.« Als wir heirateten, dachte ich zunächst, das hieße »Nein«. Später machte ich jedoch die Erfahrung, dass sie es wirklich nicht wusste. Als mir das klar wurde, reagierte ich auf ihr fehlendes Interesse mit: »Wie wär's, wenn wir uns mal in die Arme nehmen?« Oft war sie nur gerade im Leerlauf und ich musste sie nur behutsam und geduldig in den ersten Gang bringen.

Es kann auch sein, dass Ihr Sextrieb größer ist als der Ihrer Frau. Vielleicht wollen Sie dreimal am Tag Sex, während für Ihre Frau zweimal am Tag völlig ausreichen (nur so als Beispiel). Aber im Ernst: Diese unterschiedlichen Bedürfnisse können dazu führen, dass Sie sich häufig abgewiesen vorkommen. Es ist deshalb wichtig, dass Sie verstehen lernen, dass Ihre Frau Sie vermutlich gar nicht vor den Kopf stoßen will. Ihr Bedürfnis ist schlicht und ergreifend nicht so groß wie das Ihre. Darum ist es gut und wichtig, wenn Sie sehen, dass Gott Sie vielleicht beide gerade deshalb zusammengebracht hat, weil er wusste, dass Ihre Frau diese Extrazuwendung braucht, die Sie ihr auf Grund Ihrer zusätzlichen sexuellen Energie geben können.

Egal, warum wir uns zurückgewiesen und verletzt fühlen, wir sollen uns in sexueller Hinsicht nicht von unserer Frau zurückziehen. Das wäre Sünde. Wir sollen uns die Zeit nehmen, ihre sexuellen Bedürfnisse zu stillen, auch wenn uns gar nicht danach zumute ist.

**Viertens: Halten Sie
eine geistliche Gemeinschaft aufrecht!**

Paulus sagte: »Entziehe sich nicht eins dem andern, es sei denn eine Zeitlang, wenn beide es wollen, damit ihr zum Beten Ruhe habt; und dann kommt wieder zusammen, damit euch der Satan nicht versucht, weil ihr euch nicht enthalten könnt« (1 Kor 7,5).

Ich habe stapelweise Bücher über Sex gelesen, aber ich habe nirgends etwas über diesen bestimmten Vers gelesen. Und doch bin ich der Meinung, dass er entscheidend ist, wenn es um die gesunde sexuelle Beziehung zwischen Mann und Frau geht. Warum? Weil ihre körperliche Beziehung nach Gottes Plan ein Abbild ihrer geistlichen Einheit sein soll. Nichts bringt ein Paar mehr zusammen als das Gebet. Weil Gott das weiß, sagt er auch, dass die einzige Zeit, in der man sich sexuell enthalten soll, die ist, wenn man übereinkommt, sich allein oder als Paar dem Gebet zu widmen.

Die traurige Wahrheit aber ist, dass die meisten Männer selten mit ihrer Frau beten. Ich weiß nicht, warum das so ist. Vielleicht liegt es daran, dass sie sich ihren Frauen geistlich unterlegen fühlen. Vielleicht glauben sie aber auch, dass ihre Gebete gar nicht so geistlich klingen. Vielleicht sind sie auch einfach nur zu beschäftigt und denken, sie hätten keine Zeit dafür.

Ob Sie nun die Angewohnheit haben, mit Ihrer Frau zu beten oder nicht, ich möchte Sie ermutigen, einen Monat lang etwas auszuprobieren: Beten Sie einmal jeden Abend vor dem Zubettgehen mit Ihrer Frau. Es muss kein langes Gebet sein, aber es muss von Herzen kommen. Mit anderen Worten: Sagen Sie kein Gebet auf, das Sie als Kind gelernt haben, sondern sprechen Sie mit Ihrer Frau zu Gott. Sprechen Sie über die Nöte in Ihrem Leben, in Ihrer Ehe und Ihrer Familie. Wenn Sie das bislang noch nicht getan haben, dann wird es Sie sicher erstaunen, wie nahe Sie dadurch einander kommen werden.

Als nächsten Schritt reservieren Sie sich eine bestimmte Zeit, um sich sexuell zu enthalten, damit Sie zusammen beten können. Die Zeit der Abstinenz sollte im Verhältnis dazu stehen, wie häufig Sie miteinander Sex haben. Wenn Sie jeden Tag Sex haben, sind fünf Tage vielleicht eine angemessen lange Zeit. Wenn Sie einmal die Woche Sex haben, sind zwei Wochen schon eine Herausforderung. Aber hören Sie nicht so lange damit auf, damit Sie nicht versucht werden, sich selbst zu befriedigen oder woanders nach Befriedigung zu suchen.

Diese Zeit des Gebets soll dazu dienen, Ihr Leben auf Gott auszurichten, Sie beide näher zusammenzubringen und Ihre sexuellen Wünsche zu verstärken. Sie hilft Ihnen dazu, Sie von aller Bitterkeit zu befreien und Ihre Liebe zu erneuern. Wenn Sie dann beide wieder zusammenkommen, werden Sie sich wie frisch verheiratet fühlen.

Genießen Sie Gottes Geschenk!

Anlässlich unserer Silberhochzeit verbrachten Cindy und ich zehn Tage in Hawaii. Während unseres Aufenthaltes sahen wir viele frisch verheirateten Paare. Man konnte sie leicht erkennen: durch die Art, wie sie Händchen hielten, Arm in Arm umherliefen und sich einander in die Augen schauten. Wir beschlossen, uns auch auf unserer ganzen Reise wie Frischvermählte zu verhalten. Schließlich hatten wir den Eindruck, dass wir verliebter waren als all die anderen Pärchen dort.

Je mehr wir unsere Zuneigung körperlich zum Ausdruck brachten, desto verliebter fühlten wir uns. Je mehr wir unsere Liebe verbal zum Ausdruck brachten, desto mehr Liebe empfanden wir auch für den anderen. Ich bin davon überzeugt, dass es nichts Wichtigeres gibt, wenn es darum geht, Ihre sexuelle Reinheit zu bewahren, als Ihre Frau zu lieben. Behandeln Sie sie so wie zu der Zeit, als Sie noch mit ihr ausgingen, und Sie werden feststellen, dass die alten Liebesflammen immer noch lodern; sie mussten nur neu entfacht werden. Die meisten Männer machen die Erfahrung, dass die Wärme eines Lagerfeuers weit weniger anziehend ist als das häusliche, hell brennende Kaminfeuer. Unsere Aufgabe ist es, dieses häusliche Feuer nicht ausgehen zu lassen.

Denkanstöße

1. Welches sind die vier Leitlinien, die Paulus im 7. Kapitel seines 1. Korinther-Briefes für dynamischen Sex empfiehlt?
2. Welches sind die drei Arten von Sex, die in diesem Kapitel beschrieben werden? Was muss ein Mann tun, um die sexuellen Bedürfnisse seiner Frau zu stillen?
3. Wie können Sie herausfinden, was Ihrer Frau gefällt?

4. Was können Sie tun, um die geistliche Dimension Ihrer ehelichen Beziehung zu fördern?
   Als Vertiefung in das Thema der körperlichen Liebe in der Ehe empfehle ich das Buch von John Gray: »Mars, Venus und Eros – Männer lieben anders. Frauen auch«.

Kapitel 13

Das richtige Werkzeug

Mein Nachbar Ernie Bellone hat mehr unbenutztes Werkzeug bei sich herumstehen, als ich überhaupt besitze. Das ist kein Witz! Er sagt, er hätte es sich auch nur für den Fall angeschafft, dass er es einmal brauchen würde.

Es ist doch erstaunlich, wie einem mit Werkzeug plötzlich alles besser von der Hand geht. Vor einigen Jahren wollte ich eine Arbeit erledigen, die im Höchstfall 30 Minuten dauert. Ich wollte den alten Wasserhahn in der Küche aus- und einen neuen einbauen und hatte keineswegs mit irgendwelchen Problemen gerechnet.

Das wäre auch ein Leichtes gewesen, wenn mein Schraubenschlüssel in den Spalt zwischen Wand und Spüle hineingepasst hätte. Ich probierte es von jedem nur erdenklichen Winkel aus, aber ich konnte den Schraubenschlüssel einfach nicht auf die Mutter bekommen. Ich war völlig verzweifelt.

Wie Sie sich sicherlich vorstellen können, war das nicht gerade eine geistlich erhebende Erfahrung in meinem Leben. Gerade, als ich alles hinwerfen und das Undenkbare tun wollte, nämlich einen Klempner rufen, kam mir Ernie wieder in den Sinn.

Nachdem ich ihm die Sachlage erklärt hatte, schmunzelte er. »Ich habe hier genau das richtige Werkzeug für dich.« Er kramte eine verschlossene Kiste hervor, die ganz oben auf dem Regal in seiner Garage stand, und überreichte sie mir freudestrahlend. »Das ist ein Satz von Verlängerungen. Du wirst der Erste sein, der sie benutzt. Ich wusste, dass sie eines Tages jemand brauchen würde«, sagte er mit einem Lächeln auf dem Gesicht.

Drei Minuten später hatte ich die erste Mutter gelöst. Und plötzlich wurde aus einem unlösbaren Fall ein Kinderspiel. Das richtige Werkzeug löste das Problem, das eine unzugängliche Stelle bereitet hatte.

Die richtigen Werkzeuge für Notfälle

Ich sage das hier nur recht ungern, aber wenn Sie weiterhin ein Leben führen wollen, das frei ist von sexuell schädlichen Begierden, geraten Sie gelegentlich in die Klemme. Sie können dann tun, was Sie wollen: Sie schaffen es nicht, sich selbst aus der Zwangslage herauszumanövrieren. Versuchungen, Enttäuschungen oder Rückfälle werden in Ihnen die Angst schüren, dass Sie es nicht schaffen werden. In Momenten wie diesen würden Sie dann am liebsten das Handtuch werfen.

Betrachten Sie dieses Kapitel als Werkzeugkiste mit dem nötigen Spezialwerkzeug, das Ihnen helfen soll, auch die vermeintlich unzugänglichen Stellen zu erreichen. Lesen Sie alles durch, damit Sie sich ein Bild davon machen können, wo sich jedes einzelne Werkzeug befindet. Markieren Sie die Werkzeuge, die Sie voraussichtlich als Erstes benötigen werden, damit Sie sie schnell wieder finden können. Wenn Sie wissen, dass das Werkzeug dafür vorhanden ist, werden Sie es eines Tages auch benutzen.

Ein Kalender

Ein Kalender kann Ihnen wertvolle Dienste leisten. Mit diesem Hilfsmittel können Sie Ihre Fortschritte aufzeichnen. Wenn Sie schädliche sexuelle Begierden vermeiden wollen, müssen Sie jeden Tag für sich genommen leben. Denken Sie nicht darüber nach, wie Sie eine Woche lang, einen Monat lang oder ein Jahr lang davon loskommen können, sondern beginnen Sie jeden Tag mit der bewussten Entscheidung, sich lediglich in den vor Ihnen liegenden 24 Stunden nicht Ihren Trieben auszuliefern. Am Ende eines jeden Tages machen Sie am besten ein Kreuz in Ihren Kalender, um damit zu vermerken, dass Sie an diesem Tag erfolgreich gewesen sind.

Wenn Sie einen Rückfall erleben, notieren Sie in Ihrem Kalender genau, was Ihr Versagen ausgelöst hat. Mit der Zeit werden Sie wahrscheinlich ein Muster erkennen, nach dem die Versuchung zu bestimmten Zeiten der Woche, des Monats und des Jahres abläuft. Sie werden auch die Arten von Situationen erkennen, die für Sie verfänglich sind.

Wenn Sie erst einmal den Rhythmus und die Phasen, nach denen Ihr Leben verläuft, in Ihrem Kalender notiert haben, können Sie auch Zeiten der Verwundbarkeit voraussehen und besser mit ihnen umgehen.

Sicherheitsvorkehrungen

Eine gute Motorsäge hat eine Sicherheitsvorrichtung, damit Sie beim Holzschneiden Ihre Hände schützen können, ohne dass Sie sich dabei einen Finger abschneiden. Wenn es darum geht, ein zwanghaftes sexuelles Verhalten abzulegen, dann benötigen Sie auch bestimmte Sicherheitsvorkehrungen. Es ist äußerst wichtig, dass Sie die Umstände, Gespräche und Beziehungen ausmachen, die Sie dazu veranlassen, zwanghaft zu handeln. Alle auslösenden Gegenstände oder Ereignisse sollten daher eine Sicherheitsvorkehrung aufweisen.

Sie können sich ein solches Schutzschild bauen, wenn Sie die Rituale erkennen, die ein solches Suchtverhalten bei Ihnen auslösen, und sie dann aus Ihrem Leben verbannen. Benutzen Sie dazu zum Beispiel die folgende Vorlage.

Rituale	Gegenmaßnahmen
1. _____	1. _____
2. _____	2. _____
3. _____	3. _____
4. _____	4. _____
5. _____	5. _____
6. _____	6. _____
7. _____	7. _____

Heilsame Selbstgespräche

Da Ihr triebhaftes Verhalten versucht, Sie mit Gefühlen der Scham und des Selbsthasses zu zermürben, müssen Sie diese Taktik mit heilsamen, auf die Heilige Schrift gegründeten Selbstgesprächen bekämpfen. Wiederholen Sie den ganzen Tag über laut den folgenden Satz: »Gott liebt mich bedingungslos und ich nehme seine Liebe an und akzeptiere mich selbst.«

Je öfter Sie sich das selbst vorsagen, desto eher werden Sie es auch glauben. Und je eher Sie es glauben, desto früher handeln Sie auch danach.

Eine starke Gemeinschaft

Wenn Gott es für Sie vorgesehen hätte, dass Sie allein leben, hätte er Sie auf eine abgeschiedene Insel verbannt. Aber das war nicht seine Absicht. Er will, dass wir füreinander sorgen und uns gegenseitig unterstützen, wenn wir Befreiung von unseren Zwängen und Süchten erfahren haben.

Rufen Sie es sich nochmals ins Gedächtnis: Echte enge Beziehungen sind der größte Feind der Sucht. Wie wir bereits in den Kapiteln 10 und 11 gesehen haben, brauchen Sie einen Freund, der Ihnen Liebe und Akzeptanz entgegenbringt, der für Sie betet und Ihnen die Wahrheit sagt.

Wenn Sie sich mit Ihrem Freund treffen, dann ist es wichtig, dass Sie sich die Ratschläge aus Kapitel 11 zunutze machen. Der erste Schritt, ein Suchtverhalten zu überwinden, besteht darin, vor Gott und einem engen Freund zuzugeben, dass Sie Hilfe brauchen. Erst wenn Sie sich eingestehen, dass Ihr Leben aus den Fugen geraten ist, können Sie mit dem Versuch beginnen, es in den Griff zu bekommen.

Aber machen Sie sich eines deutlich: Ihre Lust ist nicht tot. Sie wird versuchen, Sie dazu zu bringen, dass Sie sie abstreiten, auch wenn Sie Ihre Probleme bereits bei ein oder zwei Freunden offen ausgesprochen haben. Wenn Ihnen klar wird, dass Sie wieder in die alten Denkmuster zurückgefallen sind, verkriechen Sie sich nicht in sich selbst. Wenn Sie Ihre Probleme leugnen, ziehen Sie sich von Gott und denen, die Sie lieben, zurück.

Es ist deshalb von entscheidender Bedeutung, dass Sie sich offen mit Ihrer Gruppe über Ihre Probleme und Ihre Fehlschläge austauschen. Ihre Freunde sollten Ihre Rituale verstehen lernen, um Sie ermutigen zu können, diesen aus dem Wege zu gehen. Aufrichtigkeit ist das Mittel gegen das Vertuschenwollen.

Geduldige Hoffnung

Seien Sie nicht überrascht, wenn nach ein paar Tagen oder Wochen der Abstinenz Ihre Lust wieder mit aller Macht aus ihrer Höhle hervorgekrochen kommt. Abhängigkeiten und Süchte sind tief greifende Probleme, und es dauert sehr lange, bis sie geheilt sind. Die Worte Jesajas bieten hier Ermutigung: »Die auf den HERRN harren, kriegen neue Kraft, daß sie auffahren mit Flügeln wie Adler, daß sie laufen und nicht matt werden, daß sie wandeln und nicht müde werden« (Jes 40,31).

Schmerzen

Je mehr Sie in Ihre Freiheit von sexueller Lust hineinwachsen, desto bedeutsamer wird es, sich zu vergegenwärtigen, dass der Schmerz nicht Ihr Feind Nummer 1 ist. Der Schmerz ist vielmehr ein Hilfsmittel, das Sie stärker werden lässt. Laufen Sie ihm nicht davon und versuchen Sie auch nicht, ihn zu betäuben. Machen Sie sich bewusst, dass Sie gerade deshalb süchtig wurden, weil Sie versucht haben, Ihren Schmerz zu betäuben. Und im Endeffekt erzeugte das, was eigentlich den Schmerz abtöten sollte, nur noch mehr Schmerzen und Leid als vorher. Stellen Sie sich Ihrem Schmerz, anstatt vor ihm davonzurennen! Allmählich wird das Verlangen, Ihre Lust auszuleben, abebben.

Niemand geht ohne Kummer und Leid durchs Leben. Selbst der Apostel Paulus erlebte starke Schmerzen, als er unter einem »Pfahl im Fleisch« litt (2 Kor 12,7–9). Obwohl wir nicht mit hundertprozentiger Sicherheit wissen, welche Krankheit Paulus gequält hat, wissen wir doch, dass er sehr stark darunter gelitten hat. Dreimal flehte er Gott an, diesen »Pfahl im Fleisch« von ihm zu nehmen. Dreimal tat Gott dies nicht. Statt die Ursache seines Leidens zu beseitigen, schenkte Gott Paulus seine Gnade in Fülle.

Statt mit Gott zu hadern, sagte Paulus: »Darum will ich mich am allerliebsten rühmen meiner Schwachheit, damit die Kraft Christi bei mir wohne. Darum bin ich guten Mutes in Schwachheit, in Mißhandlungen, in Nöten, in Verfolgungen und Ängsten, um Christi willen; denn wenn ich schwach bin, so bin ich stark« (2 Kor 12,9–10).

Paulus lernte, in Zeiten des Leidens auf Gottes Gnade zu vertrauen. Auch wenn der Schmerz nicht von ihm genommen wurde, so erfuhr er doch die nötige Stärke, um sein Leiden in Würde zu ertragen.

Glücklicherweise ist dieselbe Gnade auch für Sie da. Wenn Sie verletzt sind, bitten Sie Gott, Ihnen die Gnade zu schenken, die Sie zum Durchhalten brauchen, und Ihnen seine Kraft in Ihrer Schwachheit zu zeigen.

Eine Pro- und Contra-Liste

In der Regel ist das Vergnügen der sexuellen Begierde auf ein paar wenige Minuten oder Stunden beschränkt, aber die Folgen können Ihnen ein Leben lang zu schaffen machen. Viele Männer, die einmal daran gebunden waren, haben für sich erfahren, dass es hilfreich ist, wenn sie die Konsequenzen sexueller Freizügigkeit gegen den Nutzen der Abstinenz abwägen. Schlagen Sie hin und wieder Kapitel 7 auf und gehen Sie die unter der Überschrift »Legen Sie eine Liste an!« aufgeführten Punkte noch einmal durch oder ergänzen Sie sie.

Tränen

Männer weinen nicht in der Öffentlichkeit. Einige Männer weinen noch nicht einmal, wenn sie alleine sind. Und doch sind Tränen Werkzeuge, die uns zur Heilung verhelfen. Ich habe gelesen, dass Tränen giftige chemische Stoffe aus unserem Körper herausspülen. Tränen haben also reinigende Wirkung für Körper und Seele. Wenn wir sie zurückhalten, stauen wir einen emotionalen Strom auf, der aber aus unserem Herzen fließen muss, damit wir rein sein können.

Selbst Jesus weinte. Er weinte mit seinen Freunden. Als Maria und Marta über den Tod ihres Bruders Lazarus weinten, weinte auch Jesus (vgl. Joh 11,35).

Wenn Sie an die Schmerzen denken, unter denen Sie gelitten haben oder noch leiden, sind Sie vielleicht dem Weinen nahe. Enttäuschungen haben vielleicht ihren Tribut gefordert. Lassen Sie Ihren Tränen freien Lauf und weinen Sie. Das ist völlig in Ordnung. Weinen Sie über all Ihre Enttäuschungen und Misserfolge. Gott versteht es. Wenn Sie weinen, stellen Sie sich vor, wie Jesus seine starken Arme um Sie legt. Gott liebt Sie und möchte Ihre Wunden heilen.

Wie Sie Vergebung finden können

Vergebung ist ein unschätzbares Werkzeug, um Heilung und Freiheit von Ihrer zwanghaften Lust zu erfahren. Es gibt drei Aspekte der Vergebung, die Sie beachten sollten.

Vergebung finden
Egal, was Sie auch getan haben, egal, wie groß und furchtbar Ihre Schande und schrecklich Ihre Schuld auch ist, Gott bietet Ihnen Vergebung an, und Sie brauchen sie nur anzunehmen.

Sie müssen sich nicht länger für begangenes Unrecht bestrafen. Jesus starb am Kreuz und wurde an Ihrer Stelle bestraft. Er nahm all Ihre Verfehlungen auf sich und durchlitt die Strafe, die eigentlich Ihnen galt (vgl. 2 Kor 5,21; Röm 5,8). Nach drei Tagen stand er von den Toten auf und ließ damit Ihre Schuld und Schande für immer im Grab zurück.

Sie brauchen ihm nur zu sagen, dass Sie ihn in Ihr Leben aufnehmen möchten (vgl. Joh 3,16). Wenn Sie Gottes Vergebung angenommen haben, brauchen Sie sich nicht mehr selbst zu verdammen. Wenn Stimmen in Ihnen laut werden, die Sie verurteilen und Ihnen ein schlechtes Gewissen machen wollen, dann sagen Sie: »Gott vergibt mir und ich vergebe mir.«

Wie Sie Vergebung weitergeben können
So wie Gott Ihnen vergeben hat, sollen Sie nun auch all denen vergeben, die Sie verletzt haben. Das ist nicht einfach, insbesondere, wenn Ihre Wunden tief gehen und an Ihnen zehren. Aber wenn Heilung geschehen soll, müssen diese gereinigt werden, indem Sie denen vergeben, die Sie verletzt haben.

»Aber ich kann nicht vergeben«, wenden Sie vielleicht ein. »Sie wissen ja gar nicht, was die mir alles angetan haben.«

Da haben Sie Recht. Ich weiß es nicht. Es tut mir Leid, dass Sie Wunden davongetragen haben, aber Sie haben sicher nicht mehr Gewalt erlitten als Jesus, der von den Römern ans Kreuz genagelt wurde. Und doch hat Gottes Sohn denen Vergebung geschenkt, die ihn getötet haben (vgl. Lk 23,34).

Sie können natürlich sagen: »Aber ich bin schließlich nicht Gottes Sohn.«

Das ist mir schon klar. Aber wenn Sie sich an Gott wenden, wird Gottes Sohn Ihnen die Kraft geben, die Sie brauchen, um anderen zu vergeben.

Es gibt jedoch einen Unterschied zwischen Vergebung und Versöhnung. Versöhnung kann nur geschehen, wenn die Person, die dem anderen Schaden zugefügt hat, die Tragweite des Schmerzes erkennt, mit der sie den anderen verletzt hat, und Vergebung sucht. Auch wenn es nicht zur Versöhnung kommt, müssen Sie trotzdem vergeben. Sie können jemandem vergeben und dennoch nie mit ihm ausgesöhnt sein. Bitten Sie einfach Gott darum, dass er Ihnen die Kraft dazu gibt.

Wenn Sie Gott gesagt haben, dass Sie demjenigen vergeben, der Sie verletzt hat, dann beten Sie für die betreffende Person, sobald der Schmerz wieder in Ihnen hochkommt. Das Gebet ist ein großartiges Mittel gegen Bitterkeit und Zorn. Ich behaupte sogar, dass es nicht möglich ist, gegen jemanden Bitterkeit zu hegen, für den Sie dauernd beten.

Wie Sie Vergebung suchen können
Es kann aber auch sein, dass Sie selbst andere verletzt haben, als Sie Ihre Sexualität ausgelebt haben. Wenn Sie über Ihre Vergangenheit nachdenken, kann es sein, dass Ihnen bestimmte Menschen ins Gedächtnis kommen, die Sie verletzt haben. Vielleicht müssen Sie bei diesen Menschen Vergebung suchen.

Bevor Sie sich mit ihnen in Verbindung setzen, überlegen Sie, was Sie sagen wollen. Versuchen Sie nicht, die Schuld teilweise auf diese Person abzuwälzen. Niemand möchte vom anderen, der ihn verletzt hat, etwas hören wie: »Nachdem du mich angelogen und um mein Geld betrogen hattest, bin ich wütend geworden und habe ein paar unschöne Worte gesagt. Kannst du mir verzeihen?«

Seien Sie ehrlich und kommen Sie zur Sache. Wenn ich diejenigen aufsuche, die ich verletzt habe, sage ich etwa Folgendes: »Ich sehe nun ein, dass ich dir Unrecht getan habe (durch meine beleidigende Art). Das tut mir sehr Leid. Kannst du mir vergeben?«

Ich ermutige die Leute immer wieder, persönlich oder übers Telefon den Kontakt aufzunehmen. Ihre Bitte um Vergebung aufzuschreiben halte ich für eine weniger gute Sache, es sei denn, dass es keine andere Art gibt, mit der betreffenden Person in Verbindung zu treten. Ein Brief könnte leicht in die falschen Hände geraten und noch größeren Schaden anrichten.

Verletzte Menschen sind manchmal den Bemühungen anderer zur Versöhnung gegenüber recht misstrauisch. Oft sind sie sogar noch nicht einmal zur Vergebung bereit. Streiten Sie nicht mit ihnen herum, und versuchen Sie auch nicht, sie zu überzeugen. Sagen Sie ihnen einfach, dass Sie sie verstehen können.

Es ist wichtig, dass Sie begreifen, dass die Menschen, die Ihnen vergeben, nicht dazu verpflichtet sind, eine erneute Beziehung mit Ihnen einzugehen. Sie suchen also nicht die vollständige Wiederherstellung der früheren Beziehung. Sie suchen einfach Vergebung. Wenn noch mehr geschieht, dann ist das großartig. Aber hüten Sie sich, von dem anderen zu viel zu erwarten.

Wägen Sie auch den Nutzen ab, den anderen um Vergebung zu bitten, gegen den Schaden, den Sie ihm zufügen könnten, wenn Sie in dieser Sache auf ihn oder sie zugehen. Manchmal ist die beste Alternative die, Gottes Vergebung anzunehmen und die Sache auf sich beruhen zu lassen.

Bibellesen

Nichts hilft mir mehr, sexuelle Reinheit zu bewahren, als Bibelverse, die in meine Not hineinsprechen, auswendig zu lernen und sie in der Stille auf mich wirken zu lassen. Genauso, wie eine Sucht das wahre Ich zerstört, nährt das Betrachten von Gottes Wort mein Wesen.

Die folgenden Bibelabschnitte waren für mich sehr hilfreich. Wann immer ich entmutigt oder Versuchungen ausgesetzt bin, lese ich sie mir durch und gewinne daraus neue Kraft und Zuversicht.

Versuchung
»Bisher hat euch nur menschliche Versuchung getroffen. Aber Gott ist treu, der euch nicht versuchen läßt über eure

Kraft, sondern macht, daß die Versuchung so ein Ende nimmt, daß ihr's ertragen könnt« (1 Kor 10,13).

»Selig ist der Mann, der die Anfechtung erduldet; denn nachdem er bewährt ist, wird er die Krone des Lebens empfangen, die Gott verheißen hat denen, die ihn lieb haben. Niemand sage, wenn er versucht wird, daß er von Gott versucht werde. Denn Gott kann nicht versucht werden zum Bösen, und er selbst versucht niemand. Sondern ein jeder, der versucht wird, wird von seinen eigenen Begierden gereizt und gelockt. Danach, wenn die Begierde empfangen hat, gebiert sie die Sünde; die Sünde aber, wenn sie vollendet ist, gebiert den Tod« (Jak 1,12–15).

Sorge
»Sorgt euch um nichts, sondern in allen Dingen laßt eure Bitten in Gebet und Flehen mit Danksagung vor Gott kundwerden! Und der Friede Gottes, der höher ist als alle Vernunft, bewahre eure Herzen und Sinne in Christus Jesus« (Phil 4,6–7).

Unreine Gedanken
»Weiter, liebe Brüder: Was wahrhaftig ist, was ehrbar, was gerecht, was rein, was liebenswert, was einen guten Ruf hat, sei es eine Tugend, sei es ein Lob – darauf seid bedacht!« (Phil 4,8).

Lust
»Flieht die Hurerei! Alle Sünden, die der Mensch tut, bleiben außerhalb des Leibes; wer aber Hurerei treibt, der sündigt am eigenen Leibe« (1 Kor 6,18).

Genügsamkeit
»Seid nicht geldgierig, und laßt euch genügen an dem, was da ist. Denn der Herr hat gesagt (Jos 1,5): ›Ich will dich nicht verlassen und nicht von dir weichen‹« (Hebr 13,5).

Vergebung
»Da trat Petrus zu ihm und fragte: Herr, wie oft muss ich denn meinem Bruder, der an mir sündigt, vergeben? Genügt es siebenmal? Jesus sprach zu ihm: Ich sage dir: nicht siebenmal, sondern siebzigmal siebenmal« (Mt 18,21–22).

»Wenn wir aber unsre Sünden bekennen, so ist er treu und gerecht, daß er uns die Sünden vergibt und reinigt uns von aller Ungerechtigkeit« (1 Joh 1,9).

»Wohl dem, dem die Übertretungen vergeben sind, dem die Sünde bedeckt ist!« (Ps 32,1).

Gebet
»Der HERR ist nahe allen, die ihn anrufen, allen, die ihn ernstlich anrufen« (Ps 145,18).

»Bittet, so wird euch gegeben; suchet, so werdet ihr finden; klopfet an, so wird euch aufgetan. Denn wer da bittet, der empfängt; und wer da sucht, der findet; und wer da anklopft, dem wird aufgetan« (Mt 7,7–8).

Selbstbild
»Darum: Ist jemand in Christus, so ist er eine neue Kreatur; das Alte ist vergangen, siehe, Neues ist geworden« (2 Kor 5,17).

»Denn du hast meine Nieren bereitet und hast mich gebildet im Mutterleibe. Ich danke dir dafür, daß ich wunderbar gemacht bin; wunderbar sind deine Werke; das erkennt meine Seele« (Ps 139,13–14).

»Ich bin mit Christus gekreuzigt. Ich lebe, doch nun nicht ich, sondern Christus lebt in mir. Denn was ich jetzt lebe im Fleisch, das lebe ich im Glauben an den Sohn Gottes, der mich geliebt hat und sich selbst für mich dahingegeben« (Gal 2,19–20).

»Seid ihr nun mit Christus auferstanden, so sucht, was droben ist, wo Christus ist, sitzend zur Rechten Gottes. Trachtet nach dem, was droben ist, nicht nach dem, was auf Erden ist. Denn ihr seid gestorben, und euer Leben ist verborgen mit Christus in Gott« (Kol 3,1–3).

Gebet

Beten heißt, mit Gott zu reden. Auf diese Weise bleiben Sie mit dem in Verbindung, der Ihnen seine Liebe schenkt, der Sie so annimmt, wie Sie sind, der Ihnen die Kraft gibt, die Sie brauchen, um Ihre Lust unter Kontrolle zu halten. Ihre Gebete verpflichten Gott allerdings nicht, Ihnen das zu geben, was Sie verlangen. So wie ein Vater manchmal seinem Kind eine Bitte verwehrt, kann es passieren, dass Gott ein Nein ausspricht. Wenn er Ihnen eine Bitte ausschlägt, ist das kein Zeichen dafür, dass er Sie nicht liebt. Alles, was er tut, ist von der Liebe bestimmt.

Wenn Sie das Gebet noch nie bewusst eingeplant haben, dann schlage ich vor, dass Sie zu Beginn beispielsweise beim Autofahren beten. Schalten Sie das Radio aus und beginnen Sie ein Gespräch mit Gott. Tun Sie es laut. Wenn sich daraus eine Gewohnheit entwickelt hat, versuchen Sie, sich jeden Tag etwas Zeit abzuzweigen, um allein mit Gott zu sein und zu beten.

Denken Sie daran: Das Objekt Ihrer Lust vermittelt Ihnen die Illusion von Nähe und Vertrautheit. Nur die wahre Nähe zu Gott wird diese Illusion enttarnen. Jesus wies darauf hin, dass wir durch das Gebet und das Lesen seines Wortes in ihm bleiben (vgl. Joh 15,7). Gott möchte, dass Sie sich an der Gemeinschaft mit ihm freuen, damit Sie nicht mehr das Bedürfnis nach dieser illusorischen Nähe und Intimität haben. Sehen Sie diese Zeiten des Gebets und Bibellesens als Gelegenheiten, Gott näher zu kommen.

Fasten

Nur zögernd nenne ich hier das Fasten. Fasten ist nämlich nicht etwas, was man tut, um abzunehmen oder Körper und Seele zu reinigen. Fasten ist vielmehr ein Weg, seinen Geist und Verstand auf Gott auszurichten und seinen inneren Menschen aufzubauen.

Fasten richtet mehr als jede andere geistliche Übung mein Herz auf Gott aus und auf andere Menschen (vgl. Jes 58,3–7). Es lehrt mich, Nein zu sagen zu meinem Appetit auf das Essen, was meinen Willen in anderen Bereichen stärkt.

Wenn Sie fasten, versuchen Sie am besten, sich etwas mehr Zeit zum Bibellesen und Gebet zu nehmen. Bitten Sie Gott, Ihr Herz ruhig zu machen und Ihnen eine neue Ausrichtung und Wegweisung zu schenken.

Wenn Sie vorhaben zu fasten, empfehle ich Ihnen, zuvor Ihren Hausarzt zu konsultieren. Halten Sie sich an die Anweisungen Ihres Arztes und fasten Sie nur, wenn Ihr Arzt es auch ausdrücklich gutheißt.

Gebetstagebuch

Ich versuche, jeden Tag etwas in ein Tagebuch zu schreiben. Das sind zumeist keine seitenlangen poetischen Ergüsse, sondern ich versuche lediglich, die Schlüsselerlebnisse eines Tages in Worte zu fassen und mein geistliches Befinden darin festzuhalten. Ich versuche auch, ein oder zwei Gebete aufzuschreiben, damit ich darauf zurückblicken kann, wenn meine Gebete beantwortet wurden.

Das Führen eines Tagebuches ist eine gute Möglichkeit, sich sein geistliches Leben vor Augen zu stellen und es zu fördern. Machen Sie sich bewusst, dass jegliches Suchtverhalten Ihr Innerstes, Ihr wahres Selbst zerstört. Bibellesen, Beten, Fasten und Tagebuchschreiben stärken

Ihre Seele und Ihren Geist und tragen dazu bei, dass Sie eine engere Beziehung zu Gott entwickeln.

Masturbation

Während die meisten Männer zugeben, dass sie sich zumindest gelegentlich selbst befriedigen, sind sich viele nicht darüber im Klaren, welche moralischen Folgen ihr Tun hat. Dieses Thema wäre mit Sicherheit einfacher zu beleuchten, wenn die Bibel eine eindeutige Stellungnahme dazu abgeben würde. Aber leider tut sie es nicht. Wie so oft, wenn Gott sich nicht klar zu einem Thema ausspricht, entwickeln viele Leute unterschiedliche Ansichten zu einer Sache.

David Wilkerson zum Beispiel schreibt in seinem Buch *This Is Loving?* (»Das soll Liebe sein?«):

> *»Was den Sextrieb angeht, so ist Masturbation kein Geschenk Gottes. Masturbation ist weder ein moralisches Verhalten, noch wird sie in der Schrift verdammt. [...] Masturbation ist keine harmlose Sache und auch nicht nur Spaß.«*[1]

Auf der anderen Seite gibt es Ansichten wie die Charlie Shedds, eines angesehenen christlichen Experten auf dem Gebiet der Sexualethik, demzufolge die Selbstbefriedigung ein »Geschenk Gottes« ist.[2]

Einige, die behaupten, dass die Onanie ein Fehlverhalten ist, versuchen, ihre Ansicht damit zu untermauern, dass sie sich auf die Person Onans im Alten Testament berufen. Nach dem Tod von Onans Bruder hatte dieser die Verantwortung, bei Tamar, der Witwe seines Bruders, für Nachkommenschaft zu sorgen (vgl. Gen 38,8–10; Dtn 25,5–6). Offenbar wollte Onan nur Sex mit Tamar haben, ihr jedoch keine Kinder schenken. Damit sie nicht schwanger wurde,

»ließ er's auf die Erde fallen und verderben, wenn er einging zu seines Bruders Frau« (Gen 38,9). Onans Verhalten missfiel Gott so sehr, dass er Onan sterben ließ (Gen 38,10).

Selbst wenn man diesen Abschnitt nur überfliegt, fällt auf, dass dies nichts mit Masturbation im eigentlichen Sinne zu tun hat. Gott verurteilte Onan nicht, weil er sich selbst befriedigt hatte, sondern bestrafte ihn, weil er Tamar lediglich dazu benutzt hatte, seine sexuellen Triebe zu befriedigen, ohne seiner Verantwortung seinem Bruder gegenüber gerecht zu werden.

Wann ist Masturbation Sünde?

Meiner Meinung nach ist Masturbation etwas Unmoralisches. Unter gewissen Umständen kann dieses Verhalten akzeptabel sein; zuweilen ist es ganz und gar verkehrt. Durch das Studium der Schrift haben sich für mich drei Testfragen herauskristallisiert, die Ihnen dabei helfen können herauszufinden, ob dieses Verhalten in Ihrem Fall sündhaft ist oder nicht.

Test 1: Wie steht es mit meinen Gedanken?
In der Bergpredigt sagt Jesus: »Wer eine Frau ansieht, sie zu begehren, der hat schon mit ihr die Ehe gebrochen in seinem Herzen« (Mt 5,28). Während Selbstbefriedigung unmoralisch sein mag, ist es definitiv verkehrt, darüber nachzudenken und davon zu träumen, mit einer anderen als der eigenen Frau Sex zu haben. Die Worte Jesu könnten darauf hindeuten, dass Masturbation falsch ist, wenn sie durch das Lesen pornografischer Schriften oder das Betrachten pornografischer Bilder begleitet wird. Ich möchte jedoch betonen: Nicht der Akt der Masturbation an sich ist verkehrt, sondern die Gedanken, die ihn begleiten.

Test 2: Übe ich Selbstdisziplin?
Selbstbefriedigung, die zur Manie wird, ist ebenfalls verwerflich.

Vor einigen Jahren erzählte mir ein junger Mann, dass er vier- bis fünfmal am Tag masturbiert. Sein ganzes Leben drehte sich darum, wann und wo er sich selbst befriedigen konnte. Dieses Beispiel ist zwar ein extremer Einzelfall, aber es gibt auch Männer, die dem Drang zur Masturbation nicht widerstehen können. Paulus schrieb in seinem 1. Brief an die Korinther: »Alles ist mir erlaubt, aber nicht alles dient zum Guten. Alles ist mir erlaubt, aber es soll mich nichts gefangennehmen« (1 Kor 6,12). Masturbation mag an und für sich vielleicht nichts Verkehrtes sein, wenn sie jedoch zu einer Gewohnheit oder Sucht ausartet, kann sie sehr wohl unser Leben negativ beeinflussen und zur Sünde werden.

Test 3: Liebe ich meine Frau?
Während eines seelsorgerlichen Gespräches sagte eine Frau zu mir: »Bill, mein Mann will nie mehr Sex mit mir haben. Als ich Shawn heiratete, war das alles, was er wollte. Nun haben wir nur noch einmal im Monat miteinander Sex, und das nur, wenn ich ihn darum bitte.«

In einem Gespräch unter vier Augen sagte mir ihr Mann dann: »Es ist schlicht und ergreifend einfacher, pornografische Zeitschriften zu lesen und zu masturbieren. Ich habe das jahrelang praktiziert. Das erspart mir den Stress mit meiner Frau.«

Ich wünschte, ich könnte sagen, dass Shawns Verhalten ungewöhnlich ist. Aber das ist es leider nicht. Männer ziehen häufig die sexuelle Befriedigung ohne Intimität und Selbstaufopferung vor. Wenn also die Masturbation jemandem jegliche sexuelle Energie nimmt, dann leidet der Partner unter den Folgen.

Im vorherigen Kapitel haben wir gesehen, dass Paulus Männern die Anweisung erteilt, ihre Frauen sexuell zufrieden zu stellen (1 Kor 7,3). Es ist daher für einen Mann falsch, wenn er sich selbst befriedigt und dadurch nicht mehr die Bedürfnisse seiner Frau stillt.

Wann ist Masturbation akzeptabel?

Es gibt so viele Einzelfälle, wie es Männer gibt. Es wäre ein Ding der Unmöglichkeit und auch etwas absurd, wenn ich jeden einzelnen Fall hier zur Sprache bringen wollte. Ich denke vielmehr, dass die drei genannten Testfragen eine Hilfestellung bieten können, die auf die meisten Situationen Anwendung finden.

Fragen Sie sich darum selbst:

1. Ist mein Verhalten von unreinen Gedanken begleitet?
2. Habe ich mein Verhalten im Griff oder werde ich von meiner Lust bestimmt?
3. Verhindert mein Verhalten, dass ich die sexuellen Wünsche meiner Frau befriedige?

Schließlich muss jeder von uns entscheiden, ob seine Denk- und Verhaltensweisen bei Gott Gefallen finden.

Rückfall

Ich wünschte, ich könnte Ihnen eine Garantie darauf geben, dass Sie nie mehr einen Rückfall erleiden. Aber das kann ich leider nicht. Wenn Sie jedoch Probleme haben, dann geben Sie nicht auf, den Weg in die Freiheit zu suchen.

Vielleicht neigen Sie ja dazu zu denken: *Nun, wo ich alles hingeworfen habe, kann ich es auch gut ganz sein lassen, nochmals einen Versuch zu starten.* Sie dürfen solche destruktiven Gedanken nicht zulassen! Wenn Sie fallen, müssen Sie wieder aufstehen. Sie fangen ja nicht wieder ganz von vorne an. Denken Sie daran, dass Sie es bereits eine Zeit lang geschafft haben, Ihrer Lust zu widerstehen. Sehen Sie Ihre Enttäuschung als Zeichen für Ihre Verletzlichkeit und Ihr Bedürfnis, ganz auf Gott zu bauen. Betrachten Sie es als gedankliche Stütze, bestimmte Situationen zu meiden.

Wenn der Herr des Universums Ihnen vergeben hat, dann sollten Sie nicht in Selbstverleugnung und Selbstmitleid schwelgen.

Ein Gedanke zum Schluss

Ich wünschte, ich könnte persönlich mit Ihnen ins Gespräch kommen und mich mit Ihnen darüber unterhalten, wie Sie das Gelernte in die Tat umsetzen können. Das geht nun leider nicht.

Aber bevor ich hier schließe, möchte ich Sie nochmals daran erinnern, dass nichts im Leben die enge Beziehung zu Gott, zu Ihrer Frau und einem Freund ersetzen kann. Ein Leben der Reinheit ist letztendlich ein Leben, das in Verbindung steht zu denen, die wir am meisten lieben – zu denen, die uns am meisten lieb haben. Vergessen Sie das nicht! Denken Sie vor allem immer daran, dass Gott auf Ihrer Seite steht!

Denkanstöße

1. Überfliegen Sie dieses Kapitel noch einmal und streichen Sie sich diejenigen Werkzeuge bzw. Hilfsmittel an, die Ihrer Meinung nach wichtig für Ihre Zukunft sind.
2. Greifen Sie sich einen Vers aus der Bibel heraus, der Ihnen sehr geholfen hat, und lesen Sie ihn eine Woche

lang immer wieder durch. Bitten Sie dabei Gott, Ihnen zu helfen, dass dieses Wort in Ihrem Leben Gestalt gewinnt. Versuchen Sie, den Bibelabschnitt im Zusammenhang auswendig zu lernen.
3. Welche der Gedanken dieses Kapitels werden Sie als Erstes in die Tat umsetzen? Warum?

Anmerkungen

Kapitel 1
1　Tim Allen, »Wer hat Angst vorm nackten Mann?«, Droemer Verlag, München, 1996, S. 61.
2　Mike Mason, *The Mystery of Marriage,* Portland, Oregon, Multnomah Press, 1985, S. 115.
3　Ebd., S. 114.
4　S. Craig Glickman, *A Song for Lovers,* Downers Grove, Illinois, InterVarsity Press, 1976, S. 21.
5　Ebd., S. 24–25.

Kapitel 2
1　Judson Poling und Bill Perkins, *The Journey,* Grand Rapids, Zondervan, 1996, S. 3.

Kapitel 3
1　H. Eist und A. Mandel, »Family Treatment of On-going Incest Behavior«, in: *Family Process,* 1976, 7:216.

Kapitel 4
1　Patrick Carnes, *Out of the Shadows,* Minneapolis, Comp-Care, 1983, S. 160.
2　Ebd., S. 27.
3　Craig Nakken, *The Addictive Personality,* New York, Harper & Row, 1988, S. 24.
4　Eugene H. Peterson, *The Message,* Colorado Springs: NavPress, ³1995, S. 375.

Kapitel 5
1 John Bradshaw, »Wenn Scham krank macht. Ein Ratgeber zur Überwindung von Schamgefühlen«, Droemer, München, 1993, S. 11 f.
2 M. Scott Peck, *People of the Lie,* New York, Simon & Schuster, S. 76.
3 Ebd.

Kapitel 6
1 John Bradshaw, *Bradshaw on the Family,* Deerfield Beach, Illinois, Health Communications, 1988, S. 163–164.
2 Ebd., S. 165.
3 Claude M. Steiner, »Wie man Lebenspläne verändert. Die Arbeit mit Skripts in der Transaktionsanalyse«, Junfermann, ⁹1997.

Kapitel 7
1 Abraham Twersky, *Addictive Thinking,* San Francisco, Harper & Row, 1990, S. 79–80.

Kapitel 9
1 U.S. News & World Report vom 10. Februar 1997, S. 43–44.
2 Ebd. S. 44.
3 Ebd.

Kapitel 10
1 Tim Allen, »Wer hat Angst vorm nackten Mann?«, Droemer, München, 1996, S. 91.
2 Ebd. S. 94–95.
3 »In Search of the Real Bill Gates«, in: *Time* vom 13. Januar 1997, S. 46.
4 »Billionaire Gates to Give Away Fortune in His Fifties«, in: *Orlando Sentinel* vom 3. Juni 1993.
5 »In Search of the Real Bill Gates«, in: *Time* vom 13. Januar 1997, S. 56.

6 Herb Goldberg, *The Hazards of Being Male,* New York, New American Library, 1976, S. 115.

Kapitel 11
1 Herb Goldberg, a. a. O., S. 133.
2 Ebd. S. 136–137.

Kapitel 12
1 John Gray, »Mars, Venus und Eros – Männer lieben anders. Frauen auch«, Wilhelm Goldmann Verlag, München, 1996, S. 96.

Kapitel 13
1 David Wilkerson, *This is Loving?,* Ventura, Kalifornien, Gospel Light, 1972, S. 40, zitiert nach Jim Burns, *Radical Respect,* Eugene, Oregon, Harvest House, 1991, S. 158.
2 Charlie Shedd, *The Stork is Dead,* Waco, Texas, Word, 1968, S. 83, zitiert nach Jim Burns, a. a. O., S. 159.